STORMIE CONFIE

confie

STORMIE OMARTIAN

DEVOCIONAIS
DIÁRIOS

MC
MUNDO CRISTÃO

Copyright © 2024 por Stormie Omartian

Excertos extraídos e adaptados dos seguintes livros de Stormie Omartian: *30 Days to Becoming a Woman of Prayer, Choose Love, Just Enough Light for the Step I'm On, The Power of Praying®, The Power of Praying® Through the Bible*, publicados originalmente por Harvest House Publishers, Inc.

Os textos das referências bíblicas foram extraídos da *Nova Versão Transformadora* (NVT), da Editora Mundo Cristão (usado com permissão da Tyndale House Publishers), salvo indicação específica.

Todos os direitos reservados e protegidos pela Lei 9.610, de 19/02/1998.

É expressamente proibida a reprodução total ou parcial deste livro, por quaisquer meios (eletrônicos, mecânicos, fotográficos, gravação e outros), sem prévia autorização, por escrito, da editora.

Edição
Daniel Faria

Revisão
Ana Luiza Ferreira

Produção e diagramação
Felipe Marques

Colaboração
Gabrielli Casseta
Guilherme Lorenzetti

Capa
Jonatas Belan

Cip-Brasil. Catalogação na publicação
Sindicato Nacional dos Editores de Livros, RJ

O64c

    Omartian, Stormie
        Confie : 90 devocionais diários / Stormie Omartian. - 1. ed. - São Paulo : Mundo Cristão, 2024.
        192 p.

        ISBN 978-65-5988-355-4

        1. Literatura devocional. 2. Devoções diárias. I. Título.

24-92813   CDD: 242
                                       CDU: 27-583

Gabriela Faray Ferreira Lopes - Bibliotecária - CRB-7/6643

Categoria: Devocional
1ª edição: setembro de 2024

Publicado no Brasil com todos os direitos reservados por:
Editora Mundo Cristão
Rua Antônio Carlos Tacconi, 69
São Paulo, SP, Brasil
CEP 04810-020
Telefone: (11) 2127-4147
www.mundocristao.com.br

NOTA AO LEITOR

A palavra do Senhor nunca volta vazia. Embora tenhamos ouvido e lido essa mesma frase centenas de vezes, nem sempre somos capazes de apropriar-nos da profundidade de seu sentido. As distrações da vida nos fazem imergir em um mar de preocupações, dúvidas e angústias sem fim.

Foi pensando em oferecer um refrigério para o dia a dia que este devocional foi concebido. Escrito por Stormie Omartian, uma das autoras mais aclamadas quando os temas são confiança no Senhor, oração, louvor e amor a Deus e ao próximo, *Confie* é o primeiro de uma série de quatro livros com 90 devocionais que nos ajudará a focar o olhar no Pai celestial, o único capaz de nos curar, transformar e dar sentido e alegria a nossa vida.

Disposto em páginas duplas, com espaço para reflexões e anotações, cada devocional traz, para reflexão e estudo, uma sugestão de leitura de textos bíblicos relacionados com a temática desenvolvida, além de uma oração. Como recurso adicional, uma frase em destaque apresenta o ponto principal da leitura.

Encorajamos você a fazer desta leitura o ponto alto de seu dia, pois aqueles que caminharem com o Senhor "viverão com alegria e paz; os montes e as colinas cantarão, e as árvores do campo baterão palmas" (Is 55.11).

Editora Mundo Cristão

Sumário

Apresentação ... 10

DIA 1   Confiança e esperança ... 12

DIA 2   O verdadeiro sucesso está no Senhor ... 14

DIA 3   Uma fé inabalável ... 16

DIA 4   Não tenha medo ... 18

DIA 5   Quem é Deus ... 20

DIA 6   Em busca da vontade de Deus ... 22

DIA 7   Deus completará sua obra ... 24

DIA 8   O plano para sua vida ... 26

DIA 9   O propósito do sofrimento ... 28

DIA 10   Deus quer derramar bênçãos sobre a sua vida ... 30

DIA 11   Certeza da salvação ... 32

DIA 12   Três recursos para lidar com o medo ... 34

DIA 13   O que Deus quer de você ... 36

DIA 14   O valor da obediência ... 38

DIA 15   Força em meio à fraqueza ... 40

DIA 16   Nosso Deus é todo-poderoso ... 42

DIA 17   Esperança em meio ao sofrimento ... 44

DIA 18   Deus provê ... 46

DIA 19 O que significa ter o Espírito Santo?   48
DIA 20 O que fazer quando vem o sofrimento   50
DIA 21 Em momentos de insegurança   52
DIA 22 Direção divina   54
DIA 23 A voz do Senhor   56
DIA 24 Perseverar na fé   58
DIA 25 Deus ouve seu clamor   60
DIA 26 Por que estou aqui   62
DIA 27 Palavras de sabedoria   64
DIA 28 Deus opera milagres   66
DIA 29 Perseverança em tempos de espera   68
DIA 30 Firmeza em tempos de dificuldade   70
DIA 31 Salvador, Redentor e Restaurador   72
DIA 32 Firme nas promessas   74
DIA 33 Provisão miraculosa   76
DIA 34 Novas misericórdias   78
DIA 35 Graça divina em meio às tentações   80
DIA 36 Fogo refinador   82
DIA 37 Benefícios do temor reverente   84
DIA 38 Ressurreição e fé   86
DIA 39 Quando Deus dá instruções específicas   88
DIA 40 Deus derramará bênçãos   90
DIA 41 Nosso Pai é sempre bom   92
DIA 42 Seus dias de tristeza terão fim   94

DIA 43	Coragem e fé	96
DIA 44	Promessas em meio à dor	98
DIA 45	O Deus que não muda	100
DIA 46	Um Salvador poderoso	102
DIA 47	O dia do Senhor	104
DIA 48	Quando temos de esperar	106
DIA 49	No rumo certo	108
DIA 50	Fazendo sacrifícios	110
DIA 51	Prepare-se para a jornada no deserto	112
DIA 52	Vivendo do modo que Deus deseja	114
DIA 53	O poder da fé	116
DIA 54	Quando Deus diz não	118
DIA 55	Deus está do seu lado	120
DIA 56	Aprendendo a caminhar com Deus	122
DIA 57	O caminho para uma vida vitoriosa	124
DIA 58	Os benefícios de esperar em Deus	126
DIA 59	Esperança em firmes alicerces	128
DIA 60	O saudável anseio por Deus	130
DIA 61	Lembra-te de mim, Senhor	132
DIA 62	Ande ao lado do Senhor	134
DIA 63	Deus nos sustentará	136
DIA 64	Aprendendo a crer	138
DIA 65	Fé para esperar a resposta	140
DIA 66	Nada é impossível para Deus	142

DIA 67	Fé para mover montanhas	144
DIA 68	Proteção ao seu alcance	146
DIA 69	Deus sempre ouve quando você ora	148
DIA 70	Sua confiança será recompensada	150
DIA 71	Lute contra a falta de fé	152
DIA 72	O Senhor é a sua luz	154
DIA 73	Crer sem ver	156
DIA 74	Quando temos de tomar decisões	158
DIA 75	Mais do que você pode imaginar	160
DIA 76	Fortaleça sua fé no Senhor	162
DIA 77	Lições de paciência e esperança	164
DIA 78	Quando o fracasso alheio prova nossa fé	166
DIA 79	Aproxime-se, confiante, do trono de Deus	168
DIA 80	O Senhor é nosso refúgio	170
DIA 81	Vida plena pela fé	172
DIA 82	Em busca da fé genuína	174
DIA 83	Abre meus olhos, Senhor	176
DIA 84	Consolo em tempos difíceis	178
DIA 85	Seja autêntica	180
DIA 86	Entregue seus medos ao Senhor	182
DIA 87	Seu futuro está em Deus	184
DIA 88	Escolha confiar	186
DIA 89	Grandes coisas estão por vir	188
DIA 90	O fim do mal	190

Apresentação

Um dos grandes desafios da humanidade é confiar a vida a alguém ou a algo, uma vez que isso implica entregar o controle de toda a nossa existência. Movidos pelo afã de obter respostas imediatas e explicações plausíveis acerca das vicissitudes da vida, somos levadas a tentar compreender aquilo que não nos cabe, em razão de nossa finitude e pequenez. A teimosia em exercer controle só agrava os árduos processos da jornada, fazendo que nos sintamos frustradas e fracassadas.

Contudo, não podemos ignorar a verdade de que o Deus que nos soprou o fôlego de vida é aquele que tem o governo, o controle e o domínio da história. Não há nada que aconteça na face da terra que fuja de sua soberania.

É certo que idealizamos projetos, conquistas e sonhos, e o próprio Deus nos imbuiu da capacidade de planejar. O que não podemos esquecer é que a resposta final, o carimbo decisório, o selo definitivo, vem do Senhor.

Aqui deve entrar em ação o componente *fé*. Dizemos que cremos, mas vivemos como se Deus não existisse. Afirmamos que confiamos, mas agimos como se fôssemos autossuficientes.

Declaramos que Deus é fiel, mas nos portamos como se ele estivesse ocupado demais para se importar conosco.

É preciso renovar a mente, mudar a postura, romper perspectivas terrenas. Confiar é saber que, mesmo que não recebamos o que esperamos, *todas as coisas cooperam para o bem daqueles que amam a Deus e vivem segundo os seus propósitos.*

No mundo teremos aflições, afirmou Jesus (Jo 16.33). O fato de aflições fazerem parte da construção humana, porém, não significa que sucumbiremos a elas. O Autor da vida nos muniu de fé, esperança, ânimo e graça. Mais que isso, ele nos deixou o Consolador e disse que o Consolador estaria conosco para sempre (Jo 14.16). Que Deus maravilhoso! Ele nos ama com laços de amor eterno e, por causa de seu amor, jamais ficaremos desassistidos.

Deixemos Deus ser Deus em nossa vida. Ninguém melhor, mais poderoso, mais glorioso que ele para conduzir nossa história. Aprendamos a verdade de que tudo pode nos faltar, mas se o que nos restar for somente a confiança em um Deus infalível, isso já será o bastante. Confie! O Senhor é e sempre será Deus presente!

Andréa Machado
Pastora-presidente da Igreja da Liberdade, João Pessoa - PB

DIA 1

Confiança e esperança

LEIA HEBREUS 6.13-20 E REFLITA

Essa esperança é uma âncora firme e confiável para nossa alma.
HEBREUS 6.19

Para ter esperança, precisamos tomar a decisão de crer em Deus. Precisamos escolher depositar nossa esperança no Senhor. Isso significa tirar o foco das pessoas e situações e voltá-lo inteiramente para Deus. Significa confiar que Deus está no comando. Mas tudo isso não quer dizer que devemos parar de orar. Ao contrário. Quando oramos, precisamos confiar que Deus ouve e responderá a sua maneira e em seu tempo.

Ter esperança é desejar algo com a expectativa de alcançá-lo. Quando colocamos a esperança no Senhor, esperamos que ele venha nos ajudar, e perseveramos porque cremos em Deus. "Mas, se esperamos por algo que ainda não temos, devemos fazê-lo com paciência e confiança" (Rm 8.25).

O autor de Hebreus afirma que a esperança é uma âncora para a alma (Hb 6.19). Nossa alma, portanto, só permanece em paz nas tempestades quando *confiamos* no Senhor. Do mesmo modo, Paulo nos lembra que devemos nos alegrar "em nossa esperança", sendo "pacientes nas dificuldades" e nunca parando "de orar" (Rm 12.12).

Tanto o autor de Hebreus como Paulo nos orientam sobre que decisão tomar quando a resposta a nossas orações tarda a vir ou quando nos vemos em situações aparentemente insolúveis.

Deus honra essa decisão e nos concede alegria enquanto esperamos.

Querido Pai, deposito minha esperança em ti. Tu sempre tens em mente o melhor para mim. Ajuda-me a perseverar em oração, e dá-me paz e alegria enquanto espero tua resposta.

PARA TER *esperança*, PRECISAMOS TOMAR A *decisão* DE CRER EM DEUS.

DIA 2

O verdadeiro sucesso está no Senhor

LEIA PROVÉRBIOS 28 E REFLITA

A CONFIANÇA NO SENHOR CONDUZ À PROSPERIDADE.
PROVÉRBIOS 28.25

Sucesso verdadeiro, ao contrário do que a maioria pensa, não equivale a riqueza ou fama, nem significa viver livre de problemas. Sucesso verdadeiro é ter a profunda convicção da presença de Deus independentemente das circunstâncias. Sucesso verdadeiro é tudo que procede de Deus, tendo em mente que seus caminhos são diferentes dos nossos caminhos. Sucesso verdadeiro é saber quem somos no Senhor, e nunca abandonar esse plano. Sucesso verdadeiro é confiar que ele nos reserva um *bom* futuro a despeito de como as coisas *pareçam* no momento.

Possuir riquezas, mas viver uma existência vazia, não é definição de sucesso, e sim de fracasso.

Por isso precisamos compreender os caminhos e o coração de Deus, manter um relacionamento íntimo com ele, ter profunda paz interior e confiar que ele possui a resposta para nossas perguntas.

Deus tem muito mais para nossa vida. Quando nos submetemos a ele, somos alvo de suas bênçãos e, assim, alcançamos o verdadeiro sucesso.

Pai, desejo alcançar o sucesso, não segundo o entendimento e os padrões do mundo, mas conforme o teu querer. Peço que me ajudes a compreender teu plano para minha vida e a submeter-me a ele. Que eu possa enxergar além de minhas limitações. Aquieta meu coração. Concede-me sabedoria e alimenta minha fé em ti. Em ti, Senhor, reside o sucesso.

SUCESSO VERDADEIRO É TER A PROFUNDA CONVICÇÃO DA *presença de Deus* INDEPENDENTEMENTE DAS CIRCUNSTÂNCIAS.

DIA 3

Uma fé
inabalável

LEIA ROMANOS 10 E REFLITA

Portanto, a fé vem por ouvir, isto é, por ouvir as boas-novas a respeito de Cristo.
ROMANOS 10.17

Todos têm fé em algo. Se assim não fosse, nem sairíamos da cama pela manhã. Mas a fé é uma escolha, assim como ter fé em Deus. Escolhemos crer que Deus existe e que ele é capaz de cumprir o que promete. Escolhemos não duvidar disso, a despeito do que as circunstâncias nos revelem. Escolhemos acreditar que o poder de Deus é maior que tudo.

São escolhas que precisamos fazer diariamente.

O que você e eu *não* devemos fazer é ter fé em nossa fé, pois em si mesma nossa fé nada realiza. É *Deus* quem faz todas as coisas. Você tem fé no Senhor quando ora e *ele* responde a sua oração. Sua fé não *faz* Deus responder a sua oração, mas o *convida* a atuar poderosamente em sua vida.

Compreender isso é de extrema importância, porque sem fé em Deus não conseguimos chegar aonde devemos. É a fé em Deus que nos impede de tentar conseguir as coisas pelo próprio esforço. Mas, embora até a própria fé nos seja concedida por Deus (Rm 12.3), precisamos desenvolvê-la, seja lendo, seja falando, seja ouvindo sua Palavra, pois a fé vem por ouvir as boas-novas a respeito de Cristo (Rm 10.17).

Pai, abre meu entendimento para que eu seja capaz de compreender tua Palavra em profundidade. Dá-me fé para que eu possa fazer as escolhas corretas. Age poderosamente em minha vida, Senhor.

A FÉ É UMA *escolha*, ASSIM COMO TER FÉ EM DEUS.

DIA **4** # Não tenha *medo*

LEIA DEUTERONÔMIO 1.19 - 30 E REFLITA

Vejam, o Senhor, seu Deus, colocou a terra diante de vocês! Vão e tomem posse dela, conforme o Senhor, o Deus de seus antepassados, lhes prometeu. Não tenham medo nem desanimem!

DEUTERONÔMIO 1.21

Muitos dos israelitas que ouviram essas palavras haviam passado quarenta anos no deserto. Seus pais se deixaram vencer pelo medo. Por sua ostensiva falta de fé, Deus não permitiu que aquela geração entrasse na terra prometida: "nenhuma dessas pessoas entrará na terra. Todas elas viram a minha presença gloriosa e os sinais que realizei no Egito e no deserto. [...] Jamais verão a terra que jurei dar a seus antepassados. Nenhum daqueles que me trataram com desprezo a verá" (Nm 14.22-23). E assim a nação peregrinou até que todos os rebeldes morressem.

Os filhos daquela geração se encontravam agora no mesmo local. Moisés recapitulou o que acontecera, falou-lhes sobre a rebelião de seus pais e sobre sua falta de fé. A nova geração precisava ouvir e compreender. Deus lhes reafirmava o que dissera a seus pais: "Não tenham medo nem desanimem".

Caminhar num relacionamento íntimo com Deus pode ser comparado com entrar na própria terra prometida. Embora seja bom, também apresenta situações desconhecidas. Seguir Jesus não significa que a vida será fácil. Você ainda terá de combater gigantes, reivindicar território e trabalhar. No entanto, Deus diz: "Não tenham medo nem desanimem", pois "O Senhor, seu Deus, lutará por vocês" (Dt 3.22).

Deus conhece o desconhecido. Conhece os gigantes. Tem o plano de batalha. Tudo que você precisa fazer é sempre contemplá-lo em oração e seguir suas instruções.

Senhor, agradeço por todas as coisas maravilhosas que fizeste, que fazes e que farás por mim. Afasta de mim o medo e o desânimo quando eu olhar para os desafios à frente. Agradeço-te porque vais adiante de mim.

CAMINHAR NUM RELACIONAMENTO ÍNTIMO COM DEUS PODE SER COMPARADO COM ENTRAR NA PRÓPRIA *terra prometida*.

DIA 5 # Quem é *Deus*

LEIA SALMOS 16.7; 23.3; 70.5; ISAÍAS 63.16 E REFLITA

Senhor, [...] és nosso Redentor
desde as eras passadas.
Isaías 63.16

Deus se revela por muitos nomes. Ele é nosso *restaurador*, restaurando o que foi tomado, destruído ou perdido (Sl 23.3). É nosso *libertador*, libertando-nos do que nos impede de ter a vida que planejou para nós (Sl 70.5). É nosso *redentor*, redimindo-nos de nossos pecados e trazendo-nos à vida (Is 63.16). É nossa *força*, fortalecendo-nos quando somos mais fracos (Is 12.2). É nosso *guia*, endireitando nossos passos (Pv 3.6). É nosso *conselheiro*, ensinando-nos a fazer o que é certo (Sl 16.7). É nossa *paz* (Ef 2.14). É nossa *torre forte* (Pv 18.10). É nosso *abrigo*, acolhendo-nos quando sentimos medo (Sl 32.7). É nossa *sabedoria* (1Co 1.24). É *Emanuel*, Deus conosco (Mt 1.23). É nosso *Pai eterno*, para sempre (Is 9.6).

Esses são apenas alguns dos nomes do Senhor, mas podem ajudar-nos a descobrir tudo que Deus é. E, quanto mais conhecermos o Senhor e o reconhecermos em nossa vida, mais nos aproximaremos dele. Ao conhecê-lo por esses nomes e assim o chamarmos, estaremos convidando-o a exercer esses papéis em nossa vida.

Deus é nosso Pai celestial, que nos orienta, protege e aconselha. Ele nos livrará, restaurará e redimirá. O Senhor nos dará força, paz e sabedoria. Estará sempre a nosso lado, pronto a socorrer-nos (Sl 124.8).

Deus Pai, és Emanuel, Deus conosco. És meu Pai eterno, sempre perto; nunca distante. Sou grata porque jamais me abandonarás. É tua promessa.

Deus é nosso RESTAURADOR, LIBERTADOR, REDENTOR, GUIA, CONSELHEIRO, TORRE FORTE, ABRIGO, NOSSA FORÇA, PAZ, SABEDORIA. É EMANUEL, DEUS CONOSCO. NOSSO Pai eterno.

DIA 6

Em busca da vontade de Deus

LEIA JOSUÉ 1.6-9 E REFLITA

Relembre continuamente os termos deste Livro da Lei. Medite nele dia e noite, para ter certeza de cumprir tudo que nele está escrito. Então você prosperará e terá sucesso em tudo que fizer.

JOSUÉ 1.8

Para saber o que Deus deseja, precisamos conhecer quatro aspectos importantes de sua vontade.

Primeiro, *a vontade de Deus é quase sempre encontrada quando lemos a Bíblia.* Josué recebeu ordem de conhecer o Livro da Lei e refletir sobre ele. Salmos 37.23 afirma que Deus nos guiará: "O Senhor dirige os passos do justo; ele se agrada de quem anda em seu caminho". Deus fala conosco mediante as Escrituras.

Segundo, *a vontade de Deus é ininterrupta.* Deus tem um desejo para nós. Isaías 58.11 diz: "O Senhor os guiará continuamente, lhes dará água quando tiverem sede e restaurará suas forças. Vocês serão como um jardim bem regado, como a fonte que não para de jorrar".

Terceiro, *a vontade de Deus é específica*. O profeta Isaías ouviu o Senhor prometer: "Uma voz atrás de vocês dirá: 'Este é o caminho pelo qual devem andar', quer se voltem para a direita, quer para a esquerda" (Is 30.21).

Quarto, *a vontade de Deus é profícua*. Veja em Josué 1.8 o que o Senhor disse a Josué.

Buscar a vontade de Deus pode ser simples. Tudo que temos de fazer enquanto lemos a Palavra e oramos é dar o passo que ele nos mostra. Enquanto andarmos com ele em oração e de acordo com sua Palavra, será pouco provável que nos desviemos de sua vontade.

Cada passo de obediência se transformará numa vida de obediência à vontade de Deus.

———

Senhor, peço-te que, ao ler tua Palavra, me ajudes a entender a verdade. Mostra-me como cada passagem se relaciona com a minha vida e a vida das pessoas ao meu redor.

BUSCAR A vontade de Deus PODE SER SIMPLES. TUDO QUE TEMOS DE FAZER ENQUANTO LEMOS A PALAVRA E ORAMOS É DAR O PASSO QUE ELE nos mostra.

DIA 7 Deus completará *sua obra*

LEIA FILIPENSES 1.6-7 E REFLITA

Tenho certeza de que aquele que começou a boa obra em vocês irá completá-la até o dia em que Cristo Jesus voltar.

FILIPENSES 1.6

Deus planejou restaurar todas as partes de nossa vida. Ao aceitar a Cristo, recebemos nova vida e poder para crescer e alcançar o patamar que Deus planejou para nós. E é porque o Espírito Santo vive em nós, em nosso coração, que Deus continuará a obra que começou em nossa vida até o dia em que nos encontraremos face a face com ele.

Nada do que fizermos poderá impedir esse processo de restauração. Portanto, não importa como nos encontramos neste momento, que lutas enfrentamos, Deus continuará a restaurar-nos até nossa condição original. Não devemos nos deixar abater pelas dificuldades e angústias, mas, em vez disso, devemos olhar sempre para Cristo. Não desviar os olhos dele. O Senhor nunca nos dá um fardo maior do que podemos carregar. Precisamos ter em mente que o que ele começou, ele terminará.

Deus *nunca* desiste de nós. Portanto, não devemos desistir dele. Se andarmos perto do Senhor, teremos uma vida de liberdade, plenitude e sucesso verdadeiro.

Uma vida que dá certo.

―

Senhor, ajuda-me a não pensar em desistir quando as coisas ficarem difíceis. Não me deixes perder a paciência nem a coragem. Ajuda-me a apegar-me a tuas promessas, para que elas fiquem gravadas em meu coração e permaneçam vivas dentro de mim. Termina, Pai, a obra que iniciaste em mim.

Não importa como nos encontramos neste momento, que lutas enfrentamos, Deus continuará a restaurar-nos até nossa condição original.

DIA 8

O plano para *sua vida*

LEIA 2CORÍNTIOS 12.9-10 E REFLITA

Por isso aceito com prazer fraquezas e insultos, privações, perseguições e aflições que sofro por Cristo. Pois, quando sou fraco, então é que sou forte.
2CORÍNTIOS 12.10

É comum que vejamos apenas nossos aspectos negativos: fraquezas, carências, fracassos. Deus também vê tudo isso, mas sob a perspectiva do que ele planejou para nós.

Deus vê nossa *fraqueza* como oportunidade para confiarmos que ele nos fortalecerá. Quando submetida a Deus, nossa fraqueza nos capacita a receber dele uma força maior que qualquer coisa que pudéssemos ter sem ele.

Deus vê nossa *carência* como uma possibilidade de recorrermos a ele e declarar que dependemos dele como supridor de nossas necessidades.

Deus vê nosso *fracasso* como um convite para que andemos bem perto dele, a fim de que ele nos habilite a realizar o que não podemos fazer sozinhos.

Deus vê os *dons, o propósito e o potencial em nós*. Ele não só pensou em nós *antes* de nascermos, mas tinha um plano para nossa vida.

Quanto mais soubermos quem Deus realmente é, mais reconheceremos quanto necessitamos dele. E é sempre bom necessitar dele.

Ajuda-me a desviar os olhos de mim e a firmá-los em ti. Eu te agradeço não só porque me amas, mas porque também me capacitas a compreender a profundidade do teu amor. Mostra-me o caminho de volta. Ajuda-me a ver pela tua perspectiva a fim de que se cumpra o propósito que desenhaste para minha vida.

QUANTO MAIS SOUBERMOS QUEM DEUS *realmente* é, MAIS RECONHECEREMOS QUANTO *necessitamos* DELE.

DIA 9

O propósito do sofrimento

LEIA LUCAS 18.24-30 E REFLITA

O QUE É IMPOSSÍVEL PARA AS PESSOAS
É POSSÍVEL PARA DEUS.
LUCAS 18.27

Em algum momento da vida teremos de encarar o sofrimento. Talvez você esteja enfrentando um período de dor ou angústia. O inimigo se valerá de sua fragilidade na tentativa de afastá-la de Deus. Não permita que isso aconteça, pois é exatamente o que ele quer. Lembre-se: Jesus sofreu muito mais que qualquer um, mas ele jamais se afastou do Pai.

O sofrimento pode ser um grande aprendizado para nós e para quem nos rodeia. Não estou dizendo que Deus nos faz sofrer por sua vontade. Afirmo apenas que ele usa para sua glória os períodos de sofrimento. No Senhor, existe um grande propósito nos tempos difíceis, mesmo que não consigamos enxergá-lo.

Por isso, não nos fixemos nas circunstâncias, mas voltemos os olhos para o Senhor e sua Palavra. Creia na verdade divina *acima* de tudo que estiver passando. Não se trata de negar as circunstâncias; trata-se de crer que a Palavra de Deus triunfa sobre tudo.

Não nos concentremos no que vemos, mas nas promessas do Senhor, para quem nada é impossível.

Senhor, ajuda-me a sempre lembrar que é por teu poder, e não por minha força, que permanecerei firme em tempos de angústia. Por isso, a ti dou toda a glória.

SENHOR, EXISTE UM GRANDE *propósito* NOS TEMPOS DIFÍCEIS, MESMO QUE NÃO CONSIGAMOS ENXERGÁ-LO.

DIA 10

Deus quer derramar
bênçãos sobre a sua vida

LEIA 1CRÔNICAS 16.7-36 E REFLITA

Busquem o Senhor e sua força,
busquem sua presença todo o tempo.
1Crônicas 16.11

Você almeja uma percepção mais clara da presença de Deus em sua vida? Deseja conhecer Deus de maneira mais profunda? Tenho uma boa notícia: Deus sempre quer que ansiemos por sua presença e caminhemos ao seu lado. O Senhor espera que lhe entreguemos nossas esperanças e sonhos, e que confiemos que ele suprirá nossas necessidades, quaisquer que sejam. Quando nossa entrega é total, Deus derrama bênçãos incontáveis sobre nossa vida, pois essa é sua vontade para nós. Acredite: Deus de fato quer abençoar-nos!

Precisamos fazer da oração um estilo de vida. João 16.24 diz: "Vocês nunca pediram desse modo. Peçam em meu nome e receberão, e terão alegria completa". Os momentos de oração e de busca por um contato mais estreito com Deus nos levarão a transcender as circunstâncias e a experimentar bênçãos que jamais imaginamos.

Entregue a Deus todas as suas expectativas, desenvolvendo uma profunda consciência de quanto você precisa do poder dele para transformar sua vida e suas circunstâncias. Ele enviou o Espírito Santo para que possamos viver em poder. Permita que essa promessa se cumpra em sua vida. Jesus deu a vida por amor a nós. Peça-lhe que ajude você a fazer o mesmo.

Pai querido, dependo de ti para suprir minhas necessidades. Anseio por tua presença, Senhor. Que eu possa voltar meus olhos, meus pensamentos e minhas sinceras orações a ti todos os dias de minha vida.

QUANDO NOSSA ENTREGA É TOTAL, DEUS *derrama bênçãos* INCONTÁVEIS SOBRE NOSSA VIDA, POIS ESSA É *sua vontade* PARA NÓS.

DIA 11

Certeza
da salvação

LEIA ATOS 4.12; ROMANOS 9.31-32 E REFLITA

Não há salvação em nenhum outro! Não há nenhum outro nome debaixo do céu, em toda a humanidade, por meio do qual devamos ser salvos.

ATOS 4.12

O relacionamento com Deus é o alicerce sobre o qual poderemos construir uma vida de liberdade, plenitude e sucesso verdadeiro. Esse relacionamento é estabelecido quando aceitamos Jesus como Senhor de nossa vida. Jesus nos dá a salvação porque temos fé nele, não por causa das coisas boas que fazemos (Rm 9.31-32).

Jesus morreu por nós porque somos *pecadores*, não porque somos *perfeitos*. Portanto, podemos nos achegar a ele como estamos. Ele deseja que nos aproximemos com humildade, cientes de que ele fez tudo e de que nada fizemos para merecer a salvação. "Vocês são salvos pela graça, por meio da fé. Isso não vem de vocês; é uma dádiva de Deus" (Ef 2.8).

Aceitamos Jesus porque Deus Pai nos chama para si. Jesus declarou: "Pois ninguém pode vir a mim se o Pai, que me enviou, não o trouxer a mim; e no último dia eu o ressuscitarei" (Jo 6.44). Aceitar Jesus não é ato fortuito, que ocorre num dia feliz. Não é acidente, mas uma dádiva.

―

Senhor, quero entender cada vez mais tua graça maravilhosa e teu amor incondicional que me deram a salvação eterna. Mostra-me como viver diariamente com gratidão e como refletir essa graça a outros.

JESUS NOS DÁ A SALVAÇÃO PORQUE *temos fé* NELE, NÃO POR CAUSA DAS COISAS BOAS QUE FAZEMOS.

DIA 12

Três recursos para *lidar com o medo*

LEIA SALMOS 27.1-6 E REFLITA

O SENHOR É MINHA LUZ E MINHA SALVAÇÃO;
ENTÃO, POR QUE TER MEDO?
SALMOS 27.1

O medo tira de nossa vida a paz, a alegria, a energia, a produtividade e a concentração. No entanto, quando temos o temor do Senhor, não precisamos viver com medo de mais nada. Quando fazemos de Deus nosso referencial, a fonte de nossa vida, ele nos protege. Devemos mergulhar no amor de Deus, que dissipa todo medo, e confiar que ele nos manterá a salvo.

- A presença de Deus permanecerá conosco, para livrar-nos do medo. "Mesmo quando eu andar pelo escuro vale da morte, não terei medo, pois tu estás ao meu lado. Tua vara e teu cajado me protegem" (Sl 23.4).
- As promessas de Deus nos darão poder para rejeitar o medo. "Não tenha medo, pois estou com você; não desanime, pois sou o seu Deus. Eu o fortalecerei e o

ajudarei; com minha vitoriosa mão direita o sustenta-rei" (Is 41.10).
- ✣ O amor de Deus por nós e nosso amor por ele afastarão o medo. "Esse amor não tem medo, pois o perfeito amor afasta todo medo" (1Jo 4.18).

Quando nos firmamos no Senhor e tomamos a decisão de viver em seu amor e em seu poder, recebemos os recursos necessários para rejeitar o medo debilitante.

Pai querido, agradeço por não precisar viver com medo. Quero confiar cada vez mais em ti e ter coragem para seguir teus planos para minha vida.

QUANDO NOS *firmamos* NO SENHOR E TOMAMOS A DECISÃO DE VIVER EM SEU AMOR E EM SEU PODER, RECEBEMOS OS *recursos* NECESSÁRIOS PARA REJEITAR O MEDO DEBILITANTE.

DIA **13** # O que Deus *quer de você*

LEIA PROVÉRBIOS 3.1-6 E REFLITA

BUSQUE A VONTADE DELE EM TUDO QUE FIZER,
E ELE LHE MOSTRARÁ O CAMINHO QUE DEVE SEGUIR.
PROVÉRBIOS 3.6

Se você deseja saber a vontade de Deus para determinadas questões, um excelente ponto de partida é a leitura diária da Palavra de Deus. Ela o ajudará a compreender a vontade do Senhor para sua vida, *sempre*. Quando agimos de acordo com o desejo divino, lançamos um alicerce que nos permite descobrir a vontade específica de Deus para as circunstâncias. A Bíblia ensina:

- ❖ É vontade eterna de Deus que *vivamos com gratidão*. "Sejam gratos em todas as circunstâncias, pois essa é a vontade de Deus para vocês em Cristo Jesus" (1Ts 5.17).
- ❖ É vontade eterna de Deus que *vivamos pela fé*. "Meu justo viverá pela fé; se ele se afastar, porém, não me agradarei dele" (Hb 10.38).
- ❖ É vontade eterna de Deus que o *adoremos*. "Adore o Senhor, seu Deus, e sirva somente a ele" (Mt 4.10).

Quando vivemos com gratidão, fé e adoração, somos capazes de identificar mais claramente a vontade de Deus para situações específicas de nossa vida. Estaremos mais abertos a ouvir sua voz e a receber a graça necessária para obedecer-lhe.

Senhor, mostra-me o caminho que devo seguir para cumprir tua vontade boa, agradável e perfeita. Dá-me um coração cheio de gratidão, fé e adoração, sempre disposto a obedecer-te.

QUANDO AGIMOS DE ACORDO COM O *desejo divino*, LANÇAMOS UM ALICERCE QUE NOS PERMITE DESCOBRIR A VONTADE *específica de Deus* PARA AS CIRCUNSTÂNCIAS.

DIA 14

O valor da obediência

LEIA JOÃO 14.15-31 E REFLITA

Quem tem os meus mandamentos e lhes obedece, esse é o que me ama. Aquele que me ama será amado por meu Pai, e eu também o amarei e me revelarei a ele.

João 14.21

Quando aprendi a orar sobre todos os aspectos de minha vida, pedi a Deus que me desse a disciplina necessária para ler a Palavra todos os dias, orar fielmente e andar em obediência aos seus preceitos. Pedi ao Senhor que me livrasse da depressão e de qualquer outra coisa que me impedisse de alcançar o que ele havia preparado para mim. Fiquei surpresa como Deus respondeu a essas orações, sem demora. Tornei-me mais disciplinada, organizada e obediente do que seria capaz pelas próprias forças.

Ao obedecer a Deus de novas maneiras, meu espírito é renovado a cada ano. E, a cada novo passo de obediência, experimento nova liberdade e novas bênçãos que nem sequer imaginava serem possíveis.

A Palavra de Deus diz em 1João 1.8: "Se afirmamos que não temos pecados, enganamos a nós mesmos e não vivemos na verdade". É necessário que nos apresentemos ao Pai com o coração sincero. Ele, que tudo vê e tudo conhece, sabe das nossas fraquezas e está sempre pronto a nos perdoar quando nos achegamos a ele com sinceridade e arrependimento por qualquer pecado que tenhamos cometido.

Não podemos obedecer a Deus por nós mesmos, por mais que nos esforcemos, mas ele está pronto a nos ajudar sempre que pedimos.

Senhor, não desejo enganar-me por falhar em perguntar-te que alvos estabeleceste para minha vida. Revela-me se tenho frustrado os teus planos para mim. Quero ser obediente a ti e, assim, experimentar tudo o que tens reservado para mim.

A CADA NOVO PASSO DE OBEDIÊNCIA, EXPERIMENTO NOVA LIBERDADE E NOVAS BÊNÇÃOS QUE NEM SEQUER IMAGINAVA SEREM POSSÍVEIS.

DIA 15

Força em meio à fraqueza

LEIA ISAÍAS 40.12-31 E REFLITA

O Senhor é o Deus eterno,
o Criador de toda a terra.
Ele nunca perde as forças nem se cansa [...].
Dá forças aos cansados
e vigor aos fracos.

ISAÍAS 40.28-29

Depender de Deus nunca é sinal de fraqueza, pois nossa fraqueza significa que a força dele se evidenciará. Quando o apóstolo Paulo pediu a Deus que removesse uma aflição que o atormentava, Deus disse: "Minha graça é tudo de que você precisa. Meu poder opera melhor na fraqueza" (2Co 12.9). Temos de admitir nossa fraqueza e reconhecer que Deus é a única fonte de nossa força. Isso é poder!

No Antigo Testamento, sempre que Sansão precisou de força sobrenatural, "o Espírito do Senhor veio sobre" ele, a fim de capacitá-lo a fazer o que devia (Jz 14.6). Sansão tinha consciência de que seu poder vinha do Espírito Santo de Deus, mesmo assim não valorizou esse dom. Não o cultivou devidamente, e o desperdiçou. Sansão continuou a ser usado por Deus, mas perdeu muitas bênçãos e teve um fim trágico.

O Espírito Santo nos dá a força e o poder necessários para cumprirmos as missões das quais ele nos encarrega. No entanto, esse poder jamais deve ser usado por motivos egoístas, mas dedicado a cumprir a vontade de Deus. Precisamos pedir-lhe força e sabedoria para usar essa dádiva.

———

Fortalece-me, Senhor, com tua mão poderosa. Sou fraca e tenho muitas limitações, mas tu podes revelar tua glória por meio de minha vida. Mostra-me como dar o devido valor aos recursos que o Espírito me concede e a usá-los para fazer tua vontade.

Depender de Deus NUNCA É SINAL DE FRAQUEZA, POIS NOSSA FRAQUEZA SIGNIFICA QUE A *força dele* SE EVIDENCIARÁ.

DIA 16

Nosso Deus é todo-poderoso

LEIA O SALMO 93 E REFLITA

MAIS PODEROSO QUE O ESTRONDO DOS MARES,
MAIS PODEROSO QUE AS ONDAS
QUE REBENTAM NA PRAIA,
MAIS PODEROSO QUE TUDO ISSO
É O SENHOR NAS ALTURAS.

SALMOS 93.4

O poder de Deus é maior que a força do mais intenso vendaval, do mais forte tornado, terremoto ou *tsunami*. "Os montes se derretem como cera diante do SENHOR, diante do Senhor de toda a terra" (Sl 97.5).

Um dos aspectos mais maravilhosos de Deus é que ele compartilha tudo conosco, incluindo esse poder. Mas só o recebemos quando abrimos espaço para que ele aja em nossa vida.

Nosso Deus é todo-poderoso e, portanto, nada lhe é impossível. Neste momento, talvez uma circunstância difícil nos impeça de ver a saída, mas Deus a vê. Ele também vê um caminho para enfrentar essa circunstância. Não podemos duvidar disso. Não podemos cair na armadilha de achar que em tempos difíceis só nos resta render-nos à escuridão. Trata-se de uma das maiores mentiras que o inimigo usa contra nós.

Saiba onde encontrar sua fonte de poder. Não acredite em falsas promessas de ajuda oferecidas pelo mundo. Em Deus, temos acesso ao poder necessário para ter a vida que ele nos reservou.

Confie nisso!

———

Deus de amor, como é reconfortante saber que tudo é possível para ti. Quando vierem as dificuldades, não quero iludir-me com a enganosa ajuda oferecida pelo mundo. Em vez disso, quero recorrer a ti e receber teu poder.

UM DOS ASPECTOS MAIS MARAVILHOSOS DE DEUS É QUE ELE *compartilha* TUDO CONOSCO, INCLUINDO SEU PODER. MAS SÓ O RECEBEMOS QUANDO *abrimos espaço* PARA QUE ELE AJA EM NOSSA VIDA.

DIA 17

Esperança em meio *ao sofrimento*

LEIA LAMENTAÇÕES 2 E REFLITA

Levantem-se no meio da noite e clamem,
derramem como água o coração
diante do Senhor.
Levantem as mãos em oração.

LAMENTAÇÕES 2.19

Quando Jeremias escreveu Lamentações, o eco da queda dos muros de Jerusalém provavelmente ainda lhe soava nos ouvidos. Tudo o que restara aos israelitas era a perspectiva horrível de um futuro desolador.

Jeremias, conhecido como o "profeta chorão", reagiu com um lamento cheio de dor pela cidade e pelo povo. Como grande parte de sua vida, esses versículos estão cheios da mais pura emoção. Todos os aspectos do sofrimento encontram expressão nesse pequeno livro. Não há adoração alegre aqui, só agonia.

Se viermos a passar por tal sofrimento, sigamos as palavras de Jeremias: "*derramem como água o coração diante do Senhor*". É na presença amorosa de Deus que encontramos esperança.

As promessas de Deus para Jeremias são também para nós. Quando derramarmos nossa dor diante do Senhor, quando estivermos cercados de amargura e sofrimento (3.5), quando pedirmos ajuda e acharmos que ele ignorou nossas orações (3.8), quando nosso coração estiver partido (3.13), quando perdermos a paz e a prosperidade (3.17), precisaremos nos lembrar destas palavras de Jeremias: "Ainda ouso, porém, ter esperança quando me recordo disto: O amor do Senhor não tem fim! Suas misericórdias são inesgotáveis. Grande é sua fidelidade; suas misericórdias se renovam cada manhã. Digo a mim mesmo: 'O Senhor é minha porção; por isso, esperarei nele!'. O Senhor é bom para os que dependem dele, para os que o buscam. Portanto, é bom esperar em silêncio pela salvação do Senhor" (3.21-26).

Há esperança e podemos encontrá-la em meio à dor. A compaixão do Senhor nunca falha.

Senhor, derramo meu coração diante de ti por tudo que me traz pesar. Cura-me de toda dor emocional e usa para o bem a tristeza que tenho sentido.

EM MEIO AO SOFRIMENTO, "DERRAME O *coração* COMO ÁGUA DIANTE DO SENHOR".

DIA 18 — Deus *provê*

LEIA SALMOS 24.1-6 E REFLITA

A TERRA E TUDO QUE NELA HÁ SÃO DO SENHOR;
O MUNDO E TODOS OS SEUS
HABITANTES LHE PERTENCEM.

SALMOS 24.1

Deus criou todas as coisas. Ele é o dono de tudo, e isso é mais que suficiente para suprir o que precisamos. Tudo em nosso mundo pertence a Deus, incluindo nós mesmos. Deus mostrou seu amor quando nos deu a terra. No entanto, ele quer que o busquemos como nosso Provedor.

Ele conhece nossas necessidades e, embora seja plenamente capaz de supri-las, deseja que nos aproximemos dele em oração, e peçamos. O Criador do Universo deseja muito ter um relacionamento com você. Não está interessado em ser um Papai Noel ou um simples benfeitor. Deus ouve nossas orações e atende a elas quando oramos com coração sincero, com um coração que o ama.

Quando não conhecemos bem a Deus, dificilmente entendemos suas respostas. Pensamos que se ele não respondeu como pedimos foi porque não ouviu. A oração não determina o que Deus deve fazer. A oração é uma parceria com Deus em todos os aspectos de nossa vida.

Se vivêssemos sempre nos caminhos de Deus em vez de pensar que sabemos mais que ele, não teríamos falta de nada. Não permita que o medo de não ter o suficiente faça você duvidar que Deus suprirá suas necessidades. Continue a pedir. Ele é seu Provedor, e tem tudo aquilo de que você e eu necessitamos.

―

Obrigada, Senhor, por tua generosidade. Desenvolve em mim confiança cada vez mais firme em tua provisão. Entrego-te minhas ansiedades e preocupações, com a certeza de que agirás conforme teus bons propósitos.

Não permita QUE O MEDO DE NÃO TER O SUFICIENTE FAÇA VOCÊ DUVIDAR QUE DEUS SUPRIRÁ SUAS necessidades.

DIA 19

O que significa ter o Espírito Santo?

LEIA EZEQUIEL 36.22-38 E REFLITA

Eu lhes darei um novo coração e colocarei em vocês um novo Espírito. [...] Porei dentro de vocês o meu Espírito, para que sigam meus decretos e tenham o cuidado de obedecer a meus estatutos.

EZEQUIEL 36.26-27

A habitação do Espírito dentro de nós tem várias implicações importantes.

Significa que pertencemos a Deus. O Espírito Santo é a garantia de que fomos resgatados por Deus e a ele pertencemos. "Vocês, porém, não são controlados pela natureza humana, mas pelo Espírito, se de fato o Espírito de Deus habita em vocês. E, se alguém não tem o Espírito de Cristo, a ele não pertence" (Rm 8.9).

Significa que estaremos com Jesus após a morte. O Espírito que ressuscitou Jesus dos mortos fará o mesmo conosco. "E, se o Espírito de Deus que ressuscitou Jesus dos mortos habita em vocês, o Deus que ressuscitou Cristo Jesus dos mortos dará vida a seu corpo mortal, por meio desse mesmo Espírito que habita em vocês" (Rm 8.11).

Significa que temos auxílio na oração. O Espírito nos ajuda a orar com eficácia, mesmo quando não sabemos o que e como pedir. "E o Espírito nos ajuda em nossa fraqueza, pois não sabemos orar segundo a vontade de Deus, mas o próprio Espírito intercede por nós com gemidos que não podem ser expressos em palavras" (Rm 8.26).

Senhor Deus, eu te agradeço pelas ricas bênçãos resultantes da habitação de teu Espírito em mim. Mostra-me como viver essa realidade de modo coerente, lembrando-me de suas implicações para os desafios de hoje.

A HABITAÇÃO DO *Espírito* DENTRO DE NÓS SIGNIFICA QUE PERTENCEMOS A DEUS, QUE ESTAREMOS COM JESUS APÓS A MORTE E QUE TEMOS *auxílio* NA ORAÇÃO.

DIA 20

O que fazer quando vem o sofrimento

LEIA TIAGO 5.10-11 E REFLITA

IRMÃOS, TOMEM COMO EXEMPLO DE PACIÊNCIA NO SOFRIMENTO OS PROFETAS QUE FALARAM EM NOME DO SENHOR.
TIAGO 5.10

As situações mais difíceis que enfrentamos estão ligadas a doenças, problemas financeiros, conflitos conjugais, dificuldades de relacionamento, desafios no trabalho e morte. Precisamos saber que Deus está conosco durante esses momentos terrivelmente aflitivos.

Muitas vezes, porém, nos esquecemos de segurar a mão de Deus e de depender dele a cada passo. Mas um dos motivos por que Deus nos permite passar por situações difíceis é para que aprendamos a depender dele. Quando aprendemos essa lição, conseguimos permanecer firmes em tempos difíceis.

Temos a tendência de pensar que depender do Senhor é um sinal de fraqueza. E é verdade! Trata-se, porém, de uma boa notícia. Quando reconhecemos que não temos o necessário para viver como cristãos, começamos a entender o que é a verdadeira liberdade. À medida que andamos com o Senhor, ele nos faz superar qualquer coisa.

Quando andamos perto de Deus, até mesmo os momentos mais difíceis da vida apresentam um aspecto positivo. A chave é procurar Deus na situação. Por mais sombria que a circunstância se torne, o Senhor nos dará a luz de que precisamos para o próximo passo. Ele suprirá o necessário para o momento que vivemos.

———

Deus de amor, quando vierem os sofrimentos, quero me apegar ainda mais a ti, consciente de minha fraqueza e incapacidade de lidar sozinha com meus problemas. Nos dias sombrios, peço que me concedas luz para o próximo passo.

UM DOS MOTIVOS POR QUE DEUS NOS PERMITE PASSAR POR *situações difíceis* É PARA QUE APRENDAMOS A *depender dele.*

DIA 21

Em momentos de insegurança

LEIA 2TIMÓTEO 4.17-18 E REFLITA

SIM, O SENHOR ME LIVRARÁ DE TODO ATAQUE
MALIGNO E ME LEVARÁ EM SEGURANÇA
PARA SEU REINO CELESTIAL.

2TIMÓTEO 4.18

Quando temos diante de nós uma tarefa particularmente desafiadora, pode acontecer de nos sentirmos inseguros. Imaginamos que nos falta o necessário para cumprir nossa missão. A Bíblia, porém, diz: "Deus, com seu poder divino, nos concede tudo que necessitamos para uma vida de devoção" (2Pe 1.3). Quando nos conscientizamos de que nossa maior tarefa, nossa razão de existir, é ter uma vida de devoção a Deus, também entendemos que ele nos dará todos os recursos de que precisamos para quaisquer desafios.

Ao depararmos com sentimentos de insegurança, precisamos analisar nosso foco. É bem provável que estejamos contando com nossas próprias forças, aptidões e capacidade. Precisamos voltar os olhos para aquele que é a fonte de tudo que precisamos. Ele prometeu nos conduzir em segurança até o final de nossa jornada aqui na terra.

As dúvidas que temos sobre nós mesmos levantam obstáculos para que Deus aja por nosso intermédio. É tempo de lançarmos fora todo medo e todo egocentrismo e de declarar que podemos fazer todas as coisas em Cristo, aquele que nos fortalece (Fp 4.13).

Querido Pai, quando me sentir incapaz ou inadequada para as tarefas que preciso realizar, peço que voltes meus olhos para ti. Por causa da segurança que tenho da salvação e da vida eterna contigo, não preciso me sentir insegura em relação a coisa alguma.

QUANDO NOS *conscientizamos* DE QUE NOSSA MAIOR TAREFA, NOSSA RAZÃO DE EXISTIR, É TER UMA VIDA DE *devoção a Deus* TAMBÉM ENTENDEMOS QUE ELE NOS DARÁ TODOS OS RECURSOS DE QUE PRECISAMOS PARA QUAISQUER DESAFIOS.

DIA 22

Direção *divina*

LEIA HEBREUS 11.8-10 E REFLITA

PELA FÉ, ABRAÃO OBEDECEU QUANDO FOI CHAMADO PARA IR À OUTRA TERRA QUE ELE RECEBERIA COMO HERANÇA. ELE PARTIU SEM SABER PARA ONDE IA.
HEBREUS 11.8

Para viver na vontade do Senhor precisamos caminhar com ele passo a passo, fazendo o que sabemos ser a vontade dele a cada dia. Por exemplo, é sempre da vontade de Deus que o adoremos, que oremos sem cessar, que estudemos sua Palavra e lhe rendamos graças. É sempre da vontade de Deus que vivamos no temor do Senhor e sejamos encorajados pelo Espírito Santo (At 9.31).

Se você deseja descobrir os planos de Deus para seu futuro, escute atentamente a orientação do Espírito à medida que caminha com ele. Quando contamos com o Espírito a cada passo, ele nos conduz até o futuro que ele nos reservou. Não conhecemos todos os detalhes do que há de vir, mas sabemos que o futuro que Deus tem para nós é muito melhor que qualquer um de nossos planos.

Abraão não sabia qual seria seu destino na jornada para a qual Deus o havia chamado. Mas ele sabia que seguir a direção de Deus e fazer a vontade dele era a única forma de viver. Sua vida se tornou uma das histórias de maior sucesso de todos os tempos. E tudo que Abraão fez foi seguir fielmente a direção do Senhor.

Senhor, quero estar aberta para receber tua direção e seguir teus planos, um passo de cada vez. Preciso de teu auxílio para discernir tua vontade e cumpri-la com coração obediente.

QUANDO *contamos* COM O ESPÍRITO A CADA PASSO, ELE NOS CONDUZ ATÉ O *futuro* QUE ELE NOS RESERVOU.

DIA 23

A voz do Senhor

LEIA O SALMO 95 E REFLITA

QUEM DERA HOJE VOCÊS OUVISSEM A VOZ DO SENHOR!
SALMOS 95.7

Aprender a ouvir a voz de Deus é fundamental para permanecer na vontade dele. E não pense nem por um momento que não é possível ouvir Deus. Se o demônio pode induzir-nos a incorrer no erro, Deus certamente pode nos dizer o certo. E o Espírito Santo nos dará capacidade de saber a diferença.

As promessas de Deus para nós se cumprem à medida que vivemos conforme sua vontade. Nele temos provisão, vitória, bênçãos e o alívio necessário. Quanto mais amadurecemos no Senhor, mais dependentes dele nos tornamos.

Deus abre e fecha portas em nossa vida. Quando buscamos sua vontade acima de tudo, ele fecha a porta para tudo que não é de seu agrado. Se estamos prestes a cometer um erro, não sentiremos a paz de Deus. Ficaremos inquietos, perturbados ou com o coração pesado. Se uma decisão iminente é da vontade de Deus, sentiremos paz e alegria, mesmo que esse passo de fé nos pareça assustador. O Espírito intercede por nós segundo a vontade de Deus (Rm 8.27). Ele conhece a vontade de Deus porque ele é Deus, e nos guiará a orar de acordo com sua vontade.

Quando deixamos o Espírito agir, ouvimos a voz do Senhor.

Senhor, torna-me cada dia mais atenta a tua voz e sensível a tua direção. Quero permanecer próxima de ti, em total dependência da ação de teu Espírito, de modo a fazer tua vontade.

QUANDO DEIXAMOS
O ESPÍRITO AGIR, OUVIMOS
A VOZ DO SENHOR.

DIA 24

Perseverar *na fé*

LEIA HEBREUS 10.37-39 E REFLITA

MEU JUSTO VIVERÁ PELA FÉ; SE ELE SE AFASTAR, PORÉM, NÃO ME AGRADAREI DELE.

HEBREUS 10.38

A fé não serve apenas como escudo protetor; é também uma de nossas poderosas armas contra o inimigo.

Devemos ter fé que Deus ouve e responde nossas orações. Não significa que ordenamos a Deus o que fazer. Não ditamos como Deus responde nem em que momento ele o faz. Não podemos acreditar que, por ter fé, controlamos as coisas. Deus responderá segundo *sua* vontade, em *seu* tempo e de *seu* modo. Jamais seremos capazes de obrigá-lo a realizar ou não algo. Em vez disso, ter fé significa confiar que Deus sabe o que é melhor para nós e que responderá conforme seu amor e sua bondade.

Peça a Deus força para suportar situações difíceis com esperança no coração e fé inabalável, mesmo durante a tempestade. A Bíblia diz: "Mas, quando pedirem, façam-no com fé, sem vacilar, pois aquele que duvida é como a onda do mar, empurrada e agitada pelo vento. Ele não deve esperar receber coisa alguma do Senhor" (Tg 1.6-7).

Quando vivemos pela fé, perseveramos apesar de toda oposição.

Permaneçamos firmes na fé, pois "a fé mostra a realidade daquilo que esperamos; ela nos dá convicção de coisas que não vemos" (Hb 11.1).

Senhor, fortalece minha fé e perseverança, para que eu possa orar com plena confiança em teu amor e em tua bondade e esperar com paciência por tuas respostas.

TER FÉ SIGNIFICA CONFIAR QUE DEUS SABE O QUE É MELHOR PARA NÓS E QUE *responderá* CONFORME SEU AMOR E SUA BONDADE. QUANDO VIVEMOS PELA FÉ, *perseveramos* APESAR DE TODA OPOSIÇÃO.

DIA 25

Deus ouve seu *clamor*

LEIA SALMOS 40.1-5 E REFLITA

Esperei com paciência pelo Senhor;
ele se voltou para mim e ouviu meu clamor.
SALMOS 40.1

Jesus não disse que viveríamos sem problemas. Disse que estaria conosco quando tivéssemos de enfrentá-los (Jo 16.33).

Quando vivenciamos provações, Deus nos protege. Quando estamos em aflição, Deus se aproxima de nós de modo especial. Quando andamos em humildade, Deus nos salva. O amor de Deus proporciona segurança. Quando fazemos de Deus nosso abrigo, ele nos envolve com seu amor e sua graça, e nele podemos nos refugiar (Sl 32.7). Mesmo que nos sobrevenha um dilúvio, Deus nos protegerá, nos erguerá, ajudando-nos a atravessá-lo (Sl 32.6). Por isso é importante ouvir a mansa voz do Espírito de Deus falar ao nosso coração e nos dizer o que fazer.

Sempre que estiver sobrecarregada pelas aflições, clame ao Senhor como fez o salmista: "Senhor, ouve minha oração, escuta minha súplica! Não escondas de mim o rosto na hora de minha aflição. Inclina-te para ouvir e responde-me depressa quando clamo a ti" (Sl 102.1-2).

Deus sempre ouve as orações daqueles cujo coração é humilde e sincero.

Você nunca se arrependerá de depositar sua confiança no Senhor. Confiar em Deus significa que podemos contar-lhe o desejo de nosso coração, e esperar nele.

―

Pai de amor, eu te agradeço por ouvires meu clamor e por responderes minhas súplicas. Dá-me paciência para esperar pelo teu tempo e renova meu ânimo nos momentos de aflição.

JESUS NÃO DISSE QUE VIVERÍAMOS SEM PROBLEMAS. DISSE QUE ESTARIA CONOSCO QUANDO TIVÉSSEMOS DE ENFRENTÁ-LOS.

DIA 26

Por que estou aqui

LEIA ATOS 17.22-34 E REFLITA

Ele é o Deus que fez o mundo e tudo que nele há [...] e não é servido por mãos humanas, pois não necessita de coisa alguma. Ele mesmo dá vida e fôlego a tudo.

ATOS 17.24-25

O Deus que criou o mundo e tudo que nele há não *precisa* de você nem de mim. Qualquer coisa que ele nos chame a fazer, ele próprio pode realizar um milhão de vezes melhor. O fato de, ainda assim, ele escolher nos convidar a trabalhar lado a lado com ele é maravilhoso demais e vai muito além da compreensão humana.

Deus nos conhecia antes de nascermos. Já sabia de nossas falhas e dos erros que cometeríamos, mas ainda assim escolheu colocar-nos aqui na terra.

Você e eu estamos neste exato lugar e neste ponto do tempo por uma razão. Fomos criadas para honrar e glorificar a Deus com nossa vida, e ao fazê-lo cumprimos o que ele planejou para nós. Dedique ao Senhor tudo que fizer. Descanse nos propósitos dele para o dia de hoje, mesmo que o futuro pareça inteiramente obscuro e misterioso.

E lembre-se: quando sentir-se sozinha, não é porque Deus a abandonou. Ele nunca está longe de nenhum de seus filhos. Você só precisa estender a mão e tocar na dele.

Deus Criador, às vezes me pergunto por que me colocaste aqui na terra. Nesses momentos de perplexidade, peço que fortaleças minha fé em ti e nos planos que já traçaste para cada um de meus dias. Muito obrigada porque me chamaste para trabalhar lado a lado contigo.

FOMOS CRIADAS PARA HONRAR E GLORIFICAR A DEUS COM NOSSA VIDA, E AO FAZÊ-LO CUMPRIMOS O QUE ELE PLANEJOU PARA NÓS.

DIA 27 Palavras de *sabedoria*

LEIA PROVÉRBIOS 3.13-18 E REFLITA

A SABEDORIA É ÁRVORE DE VIDA PARA
QUEM DELA TOMA POSSE;
FELIZES OS QUE SE APEGAM A ELA COM FIRMEZA.
PROVÉRBIOS 3.18

Ter sabedoria significa manter-se firme nas verdades de Deus. Tenha em mente estas verdades ao pedir que Deus lhe conceda sabedoria:

- ❖ Deus nos ama muito mais do que somos capazes de imaginar e tem um plano maravilhoso para nossa vida.
- ❖ O inimigo nos odeia e despreza tudo que Deus quer fazer em nossa vida. O inimigo também tem um plano: controlar-nos e destruir-nos.
- ❖ Deus nos concedeu domínio sobre a terra para seus propósitos divinos.
- ❖ O inimigo quer esse poder para seus propósitos malignos.
- ❖ Deus deseja usar-nos para realizar a vontade dele e para que o glorifiquemos à medida que nos abençoa.

- ❖ O inimigo quer usar-nos para ser glorificado, destruindo-nos nesse processo.
- ❖ Mentir é impossível para Deus. Ela fala apenas a verdade, e sua Palavra o comprova.
- ❖ O inimigo é o pai da mentira. Quando faz as pessoas crerem em suas falsas afirmações, ele as controla.
- ❖ Deus já venceu o inimigo, a morte e o mundo, e quer nos dar uma vida vitoriosa, cheia de verdadeira sabedoria.

Querido Deus, eu te agradeço porque me concedes sabedoria por meio de tua verdade e porque me dás vitória sobre o inimigo. Conduz-me conforme teus propósitos, para tua grande honra e glória.

TER *Sabedoria* SIGNIFICA
MANTER-SE FIRME NAS
VERDADES DE DEUS.

DIA 28

Deus opera *milagres*

LEIA MATEUS 17.14-21 E REFLITA

Eu lhes digo a verdade: se tivessem fé, ainda que do tamanho de uma semente de mostarda, poderiam dizer a este monte: "Mova-se daqui para lá", e ele se moveria. Nada seria impossível para vocês.
MATEUS 17.20

O Senhor é Deus de milagres. É capaz de operar maravilhas ao responder nossas orações. Jesus declarou: "Eu lhes digo a verdade: quem crê em mim fará as mesmas obras que tenho realizado, e até maiores, pois eu vou para o Pai" (Jo 14.12).

Deus concede a cada um de nós uma porção de fé para começarmos a jornada (Rm 12.3), e essa fé é incrementada à medida que lemos a Palavra e agimos de acordo com ela. Essas passagens bíblicas não têm prazo de validade. Em nenhum lugar lemos: "Após a morte dos apóstolos, esqueça essa história de milagres. Eles não acontecerão mais".

Nossa fé em Deus convida e libera o poder divino a operar em nossa vida. Não deposite a fé em sua capacidade de ter fé;

fixe-a na capacidade divina de realizar milagres. Se você sente que sua fé é fraca, peça ao Senhor que a fortaleça. Creia que não existe nada difícil demais para Deus (Mc 10.27). Se você precisa de um milagre, aprofunde-se nessa verdade bíblica e espere no Senhor.

Creio em ti, Senhor, mas preciso que continues a fortalecer e aumentar minha fé. Também creio que continuas a operar milagres, segundo tua vontade perfeita, por meio de nossas orações.

NÃO DEPOSITE A FÉ EM SUA *capacidade de ter fé,* FIXE-A NA CAPACIDADE DIVINA DE REALIZAR MILAGRES.

DIA 29

Perseverança em *tempos de espera*

LEIA HEBREUS 10.35-36 E REFLITA

Vocês precisam perseverar, a fim de que, depois de terem feito a vontade de Deus, recebam tudo que ele lhes prometeu.
HEBREUS 10.36

Muitas vezes desanimamos e perdemos a esperança, enquanto esperamos que Deus responda nossas orações e aja em nosso favor. Para impedir que caiamos nessa armadilha, devemos ter em mente que podemos confiar que o Senhor é bom. Quando acontecem coisas ruins, precisamos lembrar da bondade de Deus, e jamais culpá-lo pelo que está ocorrendo. Precisamos buscá-lo e esperar nele. A bondade divina se manifestará em nossa situação. "O Senhor é bom para os que dependem dele, para os que o buscam" (Lm 3.25).

Também podemos animar e abençoar outras pessoas enquanto esperamos Deus atender às nossas súplicas. É incrível como sempre nos sentimos melhor quando ajudamos outras pessoas a também se sentirem melhor. Prestar algum tipo de ajuda, inclusive intercedendo em oração, faz a mente se afastar das próprias preocupações. As coisas mudam em nossa vida quando ajudamos os outros.

Por fim, podemos fortalecer nossa fé nas promessas de Deus. A fé nos capacita a superar tudo que a vida ou o inimigo lançar sobre nós. Temos de manter vivo no coração a crença nas promessas que o Senhor nos fez, e a elas nos apegar com todo vigor.

Deus querido, ajuda-me a perseverar em tempos de espera. Creio em tua bondade e em tuas promessas e agradeço porque, mesmo em meio às dificuldades, tu podes me usar para abençoar e fortalecer outros.

A FÉ NOS CAPACITA A *Superar* TUDO QUE A VIDA OU O INIMIGO LANÇAR SOBRE NÓS.

DIA 30

Firmeza em tempos de dificuldade

LEIA 1PEDRO 5.10-12 E REFLITA

AS EXPERIÊNCIAS PELAS QUAIS VOCÊS TÊM PASSADO SÃO, VERDADEIRAMENTE, PARTE DA GRAÇA DE DEUS. PERMANEÇAM FIRMES NESSA GRAÇA.
1PEDRO 5.12

Deus nos ensina a caminhar com ele e a depender dele a cada passo. Também nos mostra como permanecer firmes. O segredo para não vacilar quando vierem os tempos difíceis, em que desafios ameaçam destruir-nos, é *permanecer*.

- ✤ Permaneça no que você sabe ser a verdade sobre o Senhor (Hb 2.1).
- ✤ Permaneça na Palavra de Deus (Sl 119.161).
- ✤ Permaneça em obediência a Deus (Pv 12.13).
- ✤ Permaneça ciente de que existe o risco de cair (1Co 10.12).
- ✤ Permaneça na vontade de Deus (Cl 4.12).
- ✤ Permaneça disposta a dedicar-se a outros (Is 32.8).
- ✤ Permaneça longe do mal (Pv 10.25).

- ✣ Permaneça no que você sabe que procede do Senhor (2Ts 2.15).
- ✣ Permaneça corajosa na fé (1Co 16.13-14).
- ✣ Permaneça com a certeza de que sua casa não está dividida (Mc 3.25).
- ✣ Permaneça no conselho de Deus e no que ele falou ao seu coração (Is 46.10).

Querido Deus, quando vierem as provações e eu me sentir tentada a esquecer de ti, de tua verdade e de teu amor, peço que me socorras com teu Espírito e me dês forças para permanecer em ti — corajosa, confiante e disposta a obedecer.

DEUS NOS ENSINA A CAMINHAR COM ELE, A *depender dele* A CADA PASSO E A PERMANECER FIRMES.

DIA 31

Salvador, Redentor e Restaurador

LEIA ISAÍAS 53 E REFLITA

MAS ELE FOI FERIDO POR CAUSA DE NOSSA REBELDIA E ESMAGADO POR CAUSA DE NOSSOS PECADOS. SOFREU O CASTIGO PARA QUE FÔSSEMOS RESTAURADOS E RECEBEU AÇOITES PARA QUE FÔSSEMOS CURADOS.
ISAÍAS 53.5

Jesus é o *Salvador*, pois nos salvou do efeito do pecado: a morte. Ele nunca pecou e, mesmo assim, levou sobre si as consequências de nosso pecado. Certamente não foi algo que merecêssemos, mas ele considerou que seu sacrifício era a coisa certa a fazer, pois, quando amamos alguém, fazemos tudo que está a nosso alcance para salvar essa pessoa da destruição.

Jesus é o *Redentor*, pois "entregou sua vida para nos libertar de todo pecado, para nos purificar e fazer de nós seu povo" (Tt 2.14). Resgatou-nos da perdição e nos tornou seu povo especial.

Jesus é o *Restaurador*, pois, assim que o aceitamos, Deus vê a justiça, a bondade e a pureza de Jesus em nós. Temos, portanto, o direito de ser chamados filhos de Deus e, como filhos, somos completamente restaurados para ele.

Jesus entregou sua vida voluntariamente. Mesmo sem desejar sofrer, ele orou a Deus: "Seja feita a tua vontade, e não a minha" (Lc 22.42). Jesus foi à cruz por amor — por amor a seu Pai e por amor a nós.

―――

Meu querido Salvador, Redentor e Restaurador, como eu te amo! E como sou grata pelos inúmeros privilégios que me concedeste. Que eu possa seguir teu exemplo e sempre orar: "Seja feita a tua vontade, e não a minha".

JESUS FOI À CRUZ *por amor*
— POR AMOR A SEU PAI
E POR AMOR A NÓS.

DIA 32

Firme nas *promessas*

LEIA JOSUÉ 21.43-45 E REFLITA

> NENHUMA DAS BOAS PROMESSAS QUE O SENHOR FEZ À FAMÍLIA DE ISRAEL FICOU SEM SE CUMPRIR; TUDO QUE ELE TINHA DITO SE REALIZOU.
> JOSUÉ 21.45

Quando escolhemos permanecer nas promessas divinas e nos recusamos a desistir, alcançamos vitórias. Em momentos difíceis, quando a luta parece grande demais e nos sentimos exaustas, as promessas de Deus nos trazem conforto e paz. Vejamos algumas delas:

- ❖ Promessa para quem obedece a Deus: Deuteronômio 5.33.
- ❖ Promessa para quem busca o conselho de Deus: Salmos 73.23-24.
- ❖ Promessa de proteção: Salmos 121.7-8.
- ❖ Promessa de que Deus ouvirá nossa oração: Jeremias 29.12.
- ❖ Promessa de livramento em tempos de necessidade: Salmos 72.12.

- Promessa para quando precisarmos de sabedoria: Provérbios 2.6-7.
- Promessa de grandes coisas no futuro: 1Coríntios 2.9.
- Promessa para os momentos de angústia: Salmos 138.7.
- Promessa para quando nos sentirmos fracos: Isaías 40.29.
- Promessa para quando necessitarmos de coragem: Salmos 31.24.
- Promessa para quando nos sentirmos ameaçados: Isaías 54.17.
- Promessa para quando precisarmos de ajuda: Salmos 46.1-2.
- Promessa para quem espera no Senhor: Isaías 30.18.

Senhor, que consolo saber que és fiel a todas as tuas promessas! Peço teu auxílio para gravá-las na memória, a fim de não desanimar em momentos de dificuldade e compartilhá-las com quem precise de ânimo.

QUANDO A LUTA PARECE GRANDE
DEMAIS E NOS SENTIMOS EXAUSTAS,
AS *promessas*
DE DEUS NOS TRAZEM
CONFORTO E PAZ.

DIA 33

Provisão *miraculosa*

LEIA SALMOS 78.13-16 E REFLITA

No deserto, partiu as rochas para lhes dar água,
como a que jorra de um manancial.
Da pedra, fez brotar riachos
e correr água como um rio.

SALMOS 78.15-16

Quando você se encontrar no meio de uma tribulação, pergunte a Deus: "Estou nesta situação porque fiz algo errado?", "É um ataque do inimigo?" ou "Está acontecendo porque estou seguindo tua vontade e tu estás usando essa situação para teu propósito?". A resposta que discernir em seu coração ajudará você a formar uma imagem mais clara do que está acontecendo de fato:

O Senhor abriu o mar Vermelho e criou um caminho para os israelitas atravessarem em terra seca. Ele os conduzia durante o dia por meio de uma nuvem e, à noite, com uma coluna de fogo. Quando faltou água, ele a fez fluir da pedra. Providenciou aquilo de que os israelitas precisaram num lugar em que parecia impossível. Deu-lhes fartura no meio do deserto, onde nada havia.

Deus pode prover para você também. Nas partes áridas e devastadas de sua vida, onde parece não haver mais esperança, o Senhor pode fazer jorrar torrentes de puro refrigério. Você verá como o deserto pode ser um lugar de bênçãos, se obedecer a Deus e permitir que ele a conduza pelo caminho.

Senhor, quando eu tiver de atravessar o deserto das provações, por qualquer motivo que seja, abre meus olhos para tua generosa provisão e ajuda-me a confiar que transformarás as dificuldades em bênçãos.

O DESERTO PODE SER UM LUGAR DE *bênçãos*, SE VOCÊ OBEDECER A DEUS E PERMITIR QUE ELE A CONDUZA PELO *caminho*.

DIA 34

Novas misericórdias

LEIA LAMENTAÇÕES 3.22-24 E REFLITA

GRANDE É SUA FIDELIDADE;
SUAS MISERICÓRDIAS SE RENOVAM CADA MANHÃ.
LAMENTAÇÕES 3.23

As misericórdias do Senhor se renovam cada manhã. Isso não é incrível? A misericórdia que ele demonstrou a mim e a você no passado não se esgota nem se enfraquece. Ele tem novas misericórdias para cada dia, por isso nossa vida pode ter um recomeço a cada manhã. Quem não precisa de algo assim?

Talvez o dia de hoje não nos pareça um novo começo. Talvez pareça "mais do mesmo". É assim que podemos sentir-nos quando circunstâncias difíceis ameaçam tomar conta de nossa vida, quando as aflições nos rondam ou quando precisamos lidar com relacionamentos problemáticos.

Em meio à alta voz de condenação do inimigo, sentimos dificuldade de ouvir a voz do Espírito de Deus nos falando à alma. Podemos acabar deprimidos e desanimados diante das circunstâncias — ou do que já ocorreu ou pelo medo do que não acontecerá em nossa vida — a ponto de mal conseguirmos sair do lugar. Mas a boa notícia é que Deus pode livrar-nos disso tudo.

Podemos acordar cada manhã com o coração cheio de esperança sabendo que Deus tem tudo de que precisamos para superar os desafios diários e ingressar na vida que ele nos preparou.

―

Graças te dou, ó Pai, porque tuas misericórdias se renovam continuamente. Como é bom saber que, em ti, minha vida sempre tem um propósito e que teu Espírito me capacita para fazer tua vontade.

DEUS TEM NOVAS *misericórdias* PARA CADA DIA, POR ISSO NOSSA VIDA PODE TER UM *recomeço* A CADA MANHÃ.

DIA 35

Graça divina em *meio às tentações*

LEIA HEBREUS 4.14-16 E REFLITA

Assim, aproximemo-nos com toda confiança do trono da graça, onde receberemos misericórdia e encontraremos graça para nos ajudar quando for preciso.
HEBREUS 4.16

Quando somos alvo de ataques do inimigo, não devemos pensar que Deus está zangado conosco e, por isso, nos afastar dele. Muitas pessoas imaginam que ser tentado é quase o mesmo que pecar. No entanto, vemos que Jesus, que nunca pecou, também foi tentado. E ele combateu as tentações com a verdade da Palavra de Deus.

As tentações certamente virão. O que precisamos é ficar atentos para lidar com elas sem entrar em pânico, sem medo de cair e ser castigados. Sempre seremos tentados com as coisas que mais nos atraem. Satanás usa nossas inseguranças, nossos medos e nossas prioridades distorcidas procurando nos convencer de que Deus não é digno de nossa confiança, de que precisamos encontrar maneiras de resolver os problemas por conta própria.

Quando a tentação chegar, devemos fazer justamente o oposto. Esse é o momento de nos aproximarmos do trono da graça de Deus na mais absoluta e humilde dependência para receber tudo de que precisamos para resistir.

Deus de graça e misericórdia, quando vierem as tentações e eu sentir que estou prestes a ceder, quero buscar tua presença e receber socorro. Trabalha em meu coração para eliminar inseguranças e ansiedades que podem se tornar fontes de tentação. Peço que fortaleças minha confiança em ti.

QUANDO A TENTAÇÃO CHEGAR, APROXIME-SE DO *trono da graça* DE DEUS NA MAIS ABSOLUTA E HUMILDE *dependência* PARA RECEBER TUDO DE QUE VOCÊ PRECISA PARA RESISTIR.

DIA 36

Fogo *refinador*

LEIA ZACARIAS 13.7-9 E REFLITA

EU A REFINAREI COMO SE REFINA A PRATA
E A PURIFICAREI COMO SE PURIFICA O OURO.

ZACARIAS 13.9

Deus deu uma canção a Moisés a fim de alertar o povo de Israel acerca das consequências de sua corrupção, tolice e falta de sabedoria. A canção apresenta um retrato de Deus pairando como uma águia sob seus filhotes, estendendo as asas para apanhá-los (Dt 32.11). É assim que o Senhor deseja nos guiar. Ele nos levará a alturas inimagináveis, mas para isso temos de permanecer o mais perto possível dele, ou cairemos e não seremos capazes de chegar ao destino que ele nos preparou.

Quando permanecemos perto do Senhor, ele nos refina. O fogo é um símbolo do Espírito Santo. Somente a refinação pelo fogo do Espírito consome o que não é bom ou necessário. Esse fogo não nos fere nem causa danos, mas, se não formos purificados, o inimigo pode nos prender numa armadilha e nos levar à queda.

Se não queremos extinguir ou destruir o fogo do Espírito em nós, não podemos sufocar o que ele quer fazer por intermédio de nós. Em vez disso, devemos acolhê-lo a fim de que ele nos use para sua glória.

Para sermos um instrumento efetivo do amor, da paz e do poder de Deus, precisamos da purificação do Espírito Santo e da obediência à Palavra de Deus.

Eu te agradeço, Senhor, porque usas as dificuldades e provações para remover de meu coração tudo que não é compatível com tua pureza. Como é bom permanecer contigo, com a certeza de que teu fogo produzirá em mim santidade crescente!

PARA SERMOS UM *instrumento* EFETIVO DO AMOR, DA PAZ E DO PODER DE DEUS, PRECISAMOS DA PURIFICAÇÃO DO ESPÍRITO SANTO E DA OBEDIÊNCIA À *Palavra de Deus*

DIA 37

Benefícios do *temor reverente*

LEIA 2CRÔNICAS 19.8-11 E REFLITA

AJAM SEMPRE NO TEMOR DO SENHOR, COM FIDELIDADE E CORAÇÃO ÍNTEGRO.
2CRÔNICAS 19.9

A profunda reverência por Deus (o "temor" ao qual a Bíblia se refere) é algo que ele coloca em nosso coração e que nos abençoa e protege. Quando temos esse temor reverente:

Deus nos concede uma vida repleta de realização e paz. "O temor do SENHOR conduz à vida; dá segurança e proteção contra o mal" (Pv 19.23).

Deus se mantém atento a nós e nos protege. "O SENHOR [...] está atento aos que o temem, aos que esperam por seu amor" (Sl 33.18).

Deus nos ajuda a afastar-nos do mal: "Amor e fidelidade fazem expiação pelo pecado; o temor do SENHOR evita o mal" (Pv 16.6).

Deus nos revela tudo que precisamos saber. "O SENHOR é amigo dos que o temem; ele lhes ensina sua aliança" (Sl 25.14).

Deus provê nossas necessidades: "Temam o Senhor, vocês que lhe são fiéis, pois os que o temem terão tudo de que precisam" (Sl 34.9-10).

Deus envia seu anjo para livrar-nos do perigo: "O anjo do Senhor é guardião; ele cerca e defende os que o temem" (Sl 34.7).

Diante do que sua Palavra nos assegura, certamente o temor de Deus é algo que devemos almejar e buscar desenvolver.

Senhor Deus, desenvolve em meu coração profunda reverência por ti. Ajuda-me a contemplar tua grandeza, tua majestade e teu poder com o tipo de temor que inspira confiança, adoração e uma vida fiel e íntegra.

O TEMOR DE DEUS É ALGO QUE DEVEMOS ALMEJAR E BUSCAR DESENVOLVER.

DIA 38

Ressurreição *e fé*

LEIA ROMANOS 8.10-11 E REFLITA

E, SE O ESPÍRITO DE DEUS QUE RESSUSCITOU JESUS DOS MORTOS HABITA EM VOCÊS, O DEUS QUE RESSUSCITOU CRISTO JESUS DOS MORTOS DARÁ VIDA A SEU CORPO MORTAL, POR MEIO DESSE MESMO ESPÍRITO QUE HABITA EM VOCÊS.

ROMANOS 8.11

Até certo ponto, todos vivem pela fé. Quando vamos ao médico, precisamos de fé para confiar no diagnóstico. Quando vamos à farmácia comprar medicamentos, temos fé que receberemos os remédios apropriados. Quando comemos num restaurante, confiamos que a comida não está contaminada. (Alguns restaurantes exigem mais fé que outros!) Cada dia requer fé em algum nível.

Escolhemos aquilo em que vamos crer. Alguns decidem crer em si mesmos, outros no governo, na ciência, nos jornais, no trabalho pesado, em outras pessoas, e alguns em Deus. É impossível viver sem fé, e também morrer sem fé.

Nossa fé determina o que nos acontecerá ao deixarmos este mundo. Se temos fé em Jesus, sabemos que nosso futuro eterno está assegurado (Rm 8.11). O mesmo Espírito que ressuscitou Jesus dentre os mortos habita em mim e em você, e nos ressuscitará. Ter a certeza do que nos acontecerá ao morrer afeta grandemente nossa vida.

Não há nada em nossa vida que não possa ser conquistado ou afetado positivamente com uma dose maior de fé em Deus.

―――

Agradeço-te, Senhor, por teu poder imensurável habitar em mim. A certeza da vida eterna contigo fortalece minha fé para os desafios do presente. Continua a desenvolver minha confiança em ti.

O MESMO ESPÍRITO QUE *ressuscitou* JESUS DENTRE OS MORTOS HABITA EM MIM E EM VOCÊ, E NOS *ressuscitará*.

DIA 39

Quando Deus dá *instruções específicas*

LEIA 2SAMUEL 5.17-25 E REFLITA

Então Davi perguntou ao Senhor: "Devo sair e lutar contra os filisteus? Tu os entregarás em minhas mãos?". O Senhor respondeu a Davi: "Sim, vá, pois eu certamente os entregarei em suas mãos".
2SAMUEL 5.19

Deus nem sempre é assim direto, mas às vezes nos instrui especificamente ao responder nossas orações. Se pedimos direção e dependemos dele, o Senhor promete guiar-nos no caminho em que devemos andar (Pv 3.5-6). Foi o que ele fez com Davi nessa passagem, orientando-o sobre quando e como atacar, e assegurando-lhe o resultado.

Muitas vezes não pensamos em pedir a Deus esse tipo de direção específica por achar que ele não nos responderá. No entanto, o Senhor quer guiar-nos — até mesmo nos pequenos detalhes — e, quanto mais nos habituarmos a pedir, tanto mais aprenderemos sobre como ouvir sua voz e discernir sua vontade.

Não tenha medo de orar por orientação em áreas específicas de sua vida. Tampouco desanime se não obtiver respostas imediatas. Pode levar algum tempo para aprender a ouvir a voz de Deus direcionando-o. Mas você aprenderá e desfrutará mais intimidade em seu relacionamento com Deus. Ele deseja aproximar-se de você, portanto creia nisso e comece a fazer perguntas.

Senhor, não quero dar nem um só passo, nem tomar uma só decisão sem a tua orientação. Sei que tu te importas até mesmo com os menores detalhes da minha vida e que queres me guiar pelo caminho no qual devo andar. Tira de mim a paz se eu decidir sair do caminho das tuas maiores bênçãos para mim. Ajuda-me a nunca me desviar da tua vontade perfeita.

SE PEDIMOS *direção*
E DEPENDEMOS DELE,
O SENHOR *promete* GUIAR-NOS
NO CAMINHO EM QUE
DEVEMOS ANDAR.

DIA 40 Deus derramará *bênçãos*

LEIA 1TIMÓTEO 6.17-19 E REFLITA

SUA CONFIANÇA DEVE ESTAR EM DEUS, QUE PROVÊ RICAMENTE TUDO DE QUE NECESSITAMOS PARA NOSSA SATISFAÇÃO.

1TIMÓTEO 6.17

Certa vez, o profeta Eliseu foi abordado por uma viúva temente a Deus que se encontrava em uma situação econômica difícil. Eliseu perguntou: "Diga-me, o que você tem em casa?". E ela respondeu: "Não tenho nada, exceto uma vasilha de azeite" (2Rs 4.1-2). Eliseu instruiu a mulher a pedir emprestados aos vizinhos recipientes vazios. Quando a viúva trouxe as vasilhas para casa, Eliseu lhe disse que fechasse a porta (2Rs 4.3-4) e, então, derramasse o óleo dentro das vasilhas. O óleo encheu todas as vasilhas (2Rs 4.6) e só parou de correr quando a última vasilha estava cheia. A mulher vendeu o óleo e pagou suas dívidas.

Deus usou o pouco que a mulher tinha e o multiplicou. Ele fará o mesmo por você. Deus derramará sobre você tanto quanto você for capaz de receber.

Quando tiver qualquer tipo de necessidade, busque a direção do Espírito Santo. Talvez ele lhe mostre algo que você já tem. Ou talvez ele faça algo surgir do nada. Feche a porta para a dúvida. Não limite o que Deus pode fazer em sua situação só porque você não consegue imaginar soluções. A recompensa dele pode ser proporcional a sua fé e a sua disposição para recebê-la.

Peça que o Espírito Santo ajude você a discernir a provisão dele para sua vida.

Senhor, como é bondosa tua provisão de todas as coisas! Ajuda-me a não limitar tua ação e a estar preparada para receber todas as bênçãos que tens para mim.

DEUS *derramará* SOBRE VOCÊ TANTO QUANTO VOCÊ FOR CAPAZ DE RECEBER.

DIA 41

Nosso Pai
é sempre bom

LEIA SALMOS 33.1-5 E REFLITA

O AMOR DO SENHOR ENCHE A TERRA.

SALMOS 33.5

Deus é quem ele é, e nós não temos como mudar isso de maneira alguma. Nossos sentimentos e percepções de nós mesmas, do mundo e de Deus se alteram com frequência, mas Deus permanece sempre o mesmo. Sua natureza imutável é caracterizada por sua bondade e seu amor.

Precisamos nos apegar firmemente a esta verdade que o salmista disse a respeito de Deus: "Ainda assim, confio que verei a bondade do SENHOR enquanto estiver aqui, na terra dos vivos" (Sl 27.13). É comum não termos essa certeza quando as coisas não correm do jeito que gostaríamos, pois, lá no fundo, não confiamos em Deus e em sua bondade em relação a nós. A Palavra de Deus nos convida: "Provem, e vejam como o SENHOR é bom! Como é feliz o que nele se refugia!" (Sl 34.8). "Provar", neste caso, significa "experimentar", isto é, tomar decisões e fazer escolhas com base nesse fato.

A maneira como vemos Deus também influencia nossas atitudes e ações. Nossa bondade, por exemplo, será limitada se não tivermos a bondade de Deus derramada em nossa vida. Mas não basta saber que Deus é bom; precisamos viver com base nisso e louvá-lo porque seu amor enche a terra — enche nossa vida (Sl 33.5).

Deus é bom. Não permita que ninguém lhe diga algo diferente.

Querido Pai, quando vierem dúvidas, quando meus sentimentos e minhas percepções variarem, peço que me ajudes a lembrar que tu és sempre o mesmo, e tua bondade e teu amor nunca mudam.

Não basta SABER QUE DEUS É BOM; PRECISAMOS VIVER COM BASE NISSO E LOUVÁ-LO PORQUE SEU AMOR enche a terra.

DIA 42

Seus dias de *tristeza terão fim*

LEIA ISAÍAS 60.19-22 E REFLITA

O Senhor será sua luz eterna;
seus dias de lamento chegarão ao fim.
ISAÍAS 60.20

Não importa qual é sua bagagem de experiências difíceis do passado, nem há quanto tempo você convive com elas. Ainda é possível se libertar das emoções negativas. E esse tipo de liberdade você só encontra no amor de Deus. Ele é o único que tem poder para realizar uma obra completa de cura emocional em você.

 Antes de tudo, é necessário entender que você não precisa viver com dor emocional crônica. Sei disso porque tive sentimentos negativos todos os dias por mais de trinta anos: depressão, ansiedade, medo, sofrimento, desespero, rejeição e inquietação. Mas Deus me livrou de todas essas coisas, uma por uma. Será que ainda sinto essas emoções de vez em quando? Sim, algumas delas, não todas. Não me sinto rejeitada nem não amada, porque sou aceita e amada por Deus. Posso me sentir deprimida quando ocorrem coisas deprimentes, ou ansiosa e temerosa em relação a coisas assustadoras que acontecem a meu redor, mas não vivo dessa forma. Entrego esses sentimentos ao Senhor e ele me liberta.

Se eu consegui ficar livre das emoções negativas, você também consegue. Nunca é tarde demais para ser liberta. Isso não significa nunca mais sentir receio, ansiedade ou depressão. Significa que, quando coisas ruins acontecerem, elas não controlarão sua vida.

Senhor, peço que trates de todas as minhas experiências do passado que ainda geram sofrimento e emoções negativas, e que me concedas libertação e restauração.

DEUS É O ÚNICO QUE TEM *poder* PARA REALIZAR UMA OBRA *completa* DE CURA EMOCIONAL EM VOCÊ.

DIA 43 Coragem *e fé*

LEIA 1PEDRO 1.5-7 E REFLITA

PORTANTO, ALEGREM-SE COM ISSO, AINDA QUE AGORA, POR ALGUM TEMPO, VOCÊS PRECISEM SUPORTAR MUITAS PROVAÇÕES. ELAS MOSTRARÃO QUE SUA FÉ É AUTÊNTICA.

1PEDRO 1.6-7

Deus permite certas coisas em nossa vida visando nosso fortalecimento e amadurecimento. Ele vê o bem que pode resultar de alguma situação difícil. Ele tem um lugar de paz para nós em meio a qualquer provação, se o buscarmos e depositarmos nele toda nossa fé.

Nossos momentos de dificuldade nos aperfeiçoam, por isso nunca podemos deixar de crer que Deus realizará grandes coisas, não importa o que esteja acontecendo.

A primeira coisa que Deus fez no exército de Gideão foi eliminar os medrosos e cheios de dúvida (Jz 7.3-8). Era melhor ter trezentos homens com fé, sem medo e que sabiam como se preparar para a batalha, do que milhares sem fé e que não estavam alertas. Deus usa pessoas com fé forte e corajosa para ser glorificado.

Por vezes nos sentimos fracas na batalha contra os desafios da vida porque ficamos angustiadas e com medo. Mas se tivermos fé no poder de Deus como nosso defensor, e se ficarmos de prontidão para a batalha, ele nos dará vitória tal que não restará dúvida de que veio da parte dele, e não de nossa própria força e poder.

Senhor, minha coragem e fé dependem da ação de teu Espírito em mim. Ajuda-me a crer somente em ti, para que teus propósitos sejam realizados e teu nome seja engrandecido.

DEUS USA PESSOAS COM FÉ FORTE E CORAJOSA PARA SER glorificado.

DIA **44** # Promessas
em meio à dor

LEIA ROMANOS 8.26-30 E REFLITA

E SABEMOS QUE DEUS FAZ TODAS AS COISAS COOPERAREM PARA O BEM DAQUELES QUE O AMAM E QUE SÃO CHAMADOS DE ACORDO COM SEU PROPÓSITO.
ROMANOS 8.28

Há momentos em que é impossível visualizar o que Deus está fazendo. Só conseguimos ver a dor que sofremos. Quando isso acontece, precisamos pedir a Deus que nos abra os olhos. A Bíblia diz que ele é bom, que nunca nos abandonará e que temos motivos de sobra para confiar nele. Também diz que ele é "Pai misericordioso e Deus de todo encorajamento. Ele nos encoraja em todas as nossas aflições, para que, com o encorajamento que recebemos de Deus, possamos encorajar outros quando eles passarem por aflições" (2Co 1.4-5).

Deus não apenas nos ajudará a atravessar as provações, mas também nos usará para encorajar outros e ministrar à vida deles.

Os caminhos de Deus não são iguais aos nossos — são melhores. Nenhuma experiência nossa é desperdiçada, pois

Deus sempre tem um propósito ao permitir algum sofrimento em nossa vida. Aquilo que Satanás planeja para destruir-nos, o Senhor planeja para revelar a outros a história da redenção.

Confiemos em Deus, sujeitemo-nos a ele em tudo que fizermos. Então, em lugar de tristeza, ele nos cobrirá de alegria e, em lugar das trevas da aflição, nos dará esperança eterna.

Apeguemo-nos às promessas de Deus em meio à dor, pois são promessas de bem.

Pai de amor, muitas vezes não entendo a razão do sofrimento que permites em minha vida, mas confio em ti e em tuas promessas. Mostra-me como dar ânimo a outros da mesma forma que tu me encorajas nos momentos de dificuldade.

DEUS NÃO APENAS NOS AJUDARÁ A *atravessar* AS PROVAÇÕES, MAS TAMBÉM NOS USARÁ PARA *encorajar* OUTROS E MINISTRAR À VIDA DELES.

DIA 45

O Deus que *não muda*

LEIA MALAQUIAS 3.6-7 E REFLITA

Eu sou o Senhor e não mudo.

MALAQUIAS 3.6

Neste mundo em que tudo está sempre em movimento, sofrendo alterações, é reconfortante saber que Deus é sempre o mesmo. "Nele não há variação nem sombra de mudança" (Tg 1.17). Numa cultura em que as opiniões das pessoas mudam de rumo mais depressa que o vento, a Palavra de Deus permanece inalterada.

Não precisamos ser jogados de um lado para o outro pelas manchetes dos noticiários ou pelas exigências subliminares das redes sociais. Não precisamos ceder às pressões da cultura, que considera "normais" ou "boas" muitas coisas contrárias aos preceitos eternos de Deus.

A Bíblia diz: "Parem nas encruzilhadas e olhem ao redor, perguntem qual é o caminho antigo, o bom caminho; andem por ele e encontrarão descanso para a alma" (Jr 6.16). Só seremos verdadeiramente bem-sucedidos se andarmos firmemente nos caminhos imutáveis do Senhor.

Nosso Deus hoje é o mesmo Deus que fez o universo existir com sua palavra e que abriu as águas do mar Vermelho. Ele está conosco, operando em nossa vida com esse mesmo poder. Confie nisso!

Deus eterno, que maravilhoso saber que és sempre o mesmo. Todos os teus atributos, revelados em tua Palavra, continuam a ser verdadeiros hoje. Ajuda-me a lembrar desse fato quando sentir medo ou insegurança diante das incertezas e mudanças em minha vida ou de minha família.

NOSSO DEUS HOJE É O MESMO DEUS QUE FEZ O UNIVERSO EXISTIR COM SUA PALAVRA E QUE ABRIU AS ÁGUAS DO MAR VERMELHO. ELE ESTÁ CONOSCO, OPERANDO EM NOSSA VIDA COM ESSE MESMO PODER.

DIA 46

Um Salvador *poderoso*

LEIA SOFONIAS 3.14-17 E REFLITA

Pois o Senhor, seu Deus, está em seu meio;
ele é um Salvador poderoso.
Ele se agradará de vocês com exultação
e acalmará todos os seus medos com amor;
ele se alegrará em vocês com gritos de alegria!
SOFONIAS 3.17

Exercemos pouco ou nenhum controle sobre várias coisas que acontecem em nossa vida. Muitas vezes, esse fato é motivo de grande frustração. Precisamos lembrar, contudo, que não é em razão de nossa capacidade, mas sim do poder de Deus, que coisas boas acontecem e coisas ruins deixam de acontecer.

Não temos poder para mudar as circunstâncias, mas temos um Salvador capaz de transformar nossos temores em confiança nele. É natural sentir-nos pressionados por situações difíceis e imaginar-nos aprisionados, sem ter como avançar. Mas o Espírito de Deus que habita em nós pode transformar nossa realidade ou nossa *atitude* diante da realidade. Quando caminhamos no Espírito, nunca ficamos estagnados.

Mesmo quando os problemas nos parecem insolúveis, o Espírito Santo está trabalhando de maneiras que nem sequer somos capazes de imaginar, para que até mesmo as maiores provações se transformem em grandes bênçãos.

Em vez de sentir medo por não ter controle de tudo, alegremo-nos e descansemos, pois temos um Salvador poderoso.

———

Meu Senhor e Salvador, graças te dou porque estás no controle. Nenhum acontecimento te surpreende e nenhuma dificuldade é grande demais para ti. Desejo que te agrades de minha vida e te alegres com minha confiança inabalável em ti.

NÃO TEMOS PODER PARA *mudar* AS CIRCUNSTÂNCIAS, MAS TEMOS UM SALVADOR CAPAZ DE *transformar* NOSSOS TEMORES EM CONFIANÇA NELE.

DIA 47

O dia do Senhor

LEIA 1TESSALONICENSES 5.1-8 E REFLITA

Mas vocês, irmãos, não estão na escuridão a respeito dessas coisas e não devem se surpreender quando o dia do Senhor vier como ladrão.
1TESSALONICENSES 5.4

Quando Paulo fala do "dia do Senhor", refere-se à volta de Cristo, que ocorrerá de modo inesperado. É uma ideia assustadora para quem não anda com Cristo. Mas, para nós que cremos em Deus e aceitamos seu Filho, há uma boa notícia: não estamos na escuridão a esse respeito. Não seremos pegos de surpresa, porque somos *filhos da luz*. Não vivemos mais nas trevas. Temos Jesus, portanto temos a luz de seu Santo Espírito em nós. E, a cada dia que passamos na jornada com Cristo, somos preparados um pouco mais para o momento em que seremos levados para nosso lar eterno, onde desfrutaremos de perto a presença e a companhia de nosso Deus.

Uma vez que estamos avisados desse acontecimento, devemos permanecer atentos. E isso inclui orar sem cessar.

Não devemos estar envolvidos com nossos desejos, correndo atrás de nossas tarefas diárias com tal preocupação a ponto de nos esquecermos de Deus. Devemos estar alertas para tudo que Deus está fazendo e para tudo que ele deseja fazer em nós e por nosso intermédio.

Então, quando Jesus voltar, não teremos nada de que nos envergonhar. Em vez disso transbordaremos de alegria indescritível.

Senhor Deus, prepara-me para a volta de Cristo. Mostra-me como viver na expectativa dessa realidade gloriosa, sempre atenta e orando sem cessar.

TEMOS JESUS, PORTANTO TEMOS A LUZ DE SEU *Santo Espírito* EM NÓS.

DIA 48 Quando temos de esperar

LEIA GÊNESIS 15.1-6 E REFLITA

"Não tenha medo, Abrão, pois eu serei seu escudo, e sua recompensa será muito grande". Abrão, porém, respondeu: "Ó Senhor Soberano, de que me adiantam todas as tuas bênçãos se eu nem mesmo tenho um filho? Uma vez que não me deste filhos, Eliézer de Damasco, servo em minha casa, herdará toda a minha riqueza".

GÊNESIS 15.1-2

Você não é quase capaz de ouvir a irritação na voz de Abrão? "Deus, obrigado por seres meu galardão. Mas... O que realmente desejo é que cumpras tua promessa. Quero um *filho*!".

Deus prometera a Abrão uma porção de descendentes quando ele tinha 75 anos (Gn 12.4). Ele teria 100 anos quando Isaque finalmente nascesse (Gn 21.5), o que significa que Abrão e Sarai esperariam 25 anos pelo cumprimento da promessa.

Não sabemos quanto tempo Abrão já aguardava nesse ponto da história, mas a Bíblia diz que ele tinha 86 anos quando Ismael nasceu (Gn 16.16), portanto podemos imaginar que essa conversa entre Deus e Abrão ocorreu na primeira década depois da promessa.

Por quanto tempo você espera pelas respostas a suas orações? Uma semana é demais? E um mês? Esperar um ano parece estar além de nossa capacidade. Ver que Abrão esperou por um quarto de século deveria nos dar esperança para aguardar as respostas a nossas orações.

Abrão poderia ter desistido. (Ao tentar cumprir por si a promessa de Deus, tendo um filho com Hagar, ele provocou uma confusão.) Nessa altura da história, porém, ele decidiu crer.

Que resposta de Deus você está esperando? A volta de um filho rebelde? A salvação de um familiar? A restauração de seu casamento? Um emprego? Uma cura? Qualquer que seja o motivo, continue a orar e a esperar. Entregue o pedido a Deus e deixe-o operar em seu tempo. A resposta valerá a espera.

Querido Deus, ajuda-me a ter fé suficiente para crer que tu responderás minhas orações. Dá-me paciência para esperar as respostas.

ENTREGUE O PEDIDO A DEUS E DEIXE-O OPERAR EM SEU TEMPO. A RESPOSTA *valerá a espera.*

DIA 49

No rumo *certo*

LEIA SALMOS 119.105-112 E REFLITA

Tua palavra é lâmpada para meus pés
e luz para meu caminho
SALMOS 119.105

Antes de decolar, o piloto de um avião precisa ter um plano de voo, com os dados necessários para o trajeto. Além disso, deve ser capaz de entender as informações do painel de instrumentos e confiar nelas. Mudanças nas condições atmosféricas podem atrapalhar a visibilidade e o controle, tornando difícil ver com clareza e manobrar a aeronave. Nem sempre o piloto é capaz de dizer exatamente para onde está indo, e não se pode confiar em impressões. Para evitar acidentes, ele precisa de instrumentos confiáveis, que o mantenham no rumo e na altitude devidos.

A mesma coisa acontece em nossa vida. Para voar num curso constante e na direção correta, passando pelos perigos da vida, devemos ter pleno conhecimento e compreensão do plano de voo e do painel de instrumentos. A Bíblia é esse painel e nos oferece o plano básico de voo. Não basta saber como interpretá-lo e entendê-lo; temos de aprender a confiar nele e a segui-lo com precisão. Desse modo, seremos guiadas em segurança ao nosso destino.

Confie nos recursos que Deus já lhe deu para mantê-la no rumo certo.

———

Querido Deus, peço que desenvolvas em mim a firme confiança em tuas instruções. Ajuda-me a usar os instrumentos que me deste para permanecer no rumo correto. E, quando eu me sentir perdida ou à mercê dos ventos, guia-me em segurança até o destino que já definiste.

PARA VOAR NUM CURSO CONSTANTE E NA DIREÇÃO CORRETA, PASSANDO PELOS PERIGOS DA VIDA, DEVEMOS TER *pleno conhecimento* E COMPREENSÃO DO PLANO DE VOO E DO PAINEL DE INSTRUMENTOS, *a Palavra de Deus.*

DIA 50

Fazendo *sacrifícios*

LEIA GÊNESIS 22.1-19 E REFLITA

ALGUM TEMPO DEPOIS, DEUS PÔS ABRAÃO À PROVA. "ABRAÃO!", DEUS CHAMOU. "SIM", RESPONDEU ABRAÃO. "AQUI ESTOU!" DEUS DISSE: "TOME SEU FILHO, SEU ÚNICO FILHO, ISAQUE, A QUEM VOCÊ TANTO AMA, E VÁ À TERRA DE MORIÁ. LÁ, EM UM DOS MONTES QUE EU LHE MOSTRAREI, OFEREÇA-O COMO HOLOCAUSTO". NA MANHÃ SEGUINTE, ABRAÃO SE LEVANTOU CEDO E PREPAROU SEU JUMENTO.

GÊNESIS 22.1-3

Deus, às vezes, pede coisas estranhas. Nada, porém, se iguala à tarefa confiada a Abraão. Deus não só lhe pediu que matasse seu filho, mas também estava tirando-lhe a resposta à promessa pela qual aguardara 25 anos. A morte de Isaque mataria também o sonho. Ou não?

Sem contestar, ele partiu na manhã seguinte. Imagino que Abraão tenha falado *muito* com Deus. Ele sabia que obedecer a Deus o feriria, mas foi em frente. Quando chegou ao lugar determinado, construiu um altar, amarrou o filho, colocou-o sobre o altar e levantou a faca.

Algum de nós conseguiria confiar tanto em Deus?

Trememos ao pensar no sacrifício de um ser humano. Mas, assim como Isaque carregou a lenha para a oferta, Jesus levou a própria cruz até o Gólgota. Do mesmo modo que Abraão colocou Isaque sobre o altar, Deus pôs seu Filho na cruz. Como Abraão levantou a faca para matar o filho, Deus permitiu que Jesus fosse morto para que o pecado fosse castigado e o perdão, oferecido. Abraão sabia que Deus proveria o cordeiro para a oferta (Gn 22.8). Séculos depois, ele o fez. João Batista salientou: "Vejam! É o Cordeiro de Deus, que tira o pecado do mundo!" (Jo 1.29).

Até que ponto confiamos em Deus *realmente?* O suficiente para morrer por ele? O suficiente para permitir que um sonho morra? O suficiente para viver para ele?

Senhor, entrego-te todos os sonhos do meu coração. Não quero me apegar a algo que tu não abençoarás, nem desistir de algo que seja a tua vontade. Ajuda-me a ter confiança e fé em ti, como Abraão demonstrou.

ABRAÃO SABIA QUE *obedecer* A DEUS O FERIRIA, MAS FOI EM FRENTE. ATÉ QUE PONTO *confiamos* EM DEUS REALMENTE?

DIA 51

Prepare-se para a *jornada no deserto*

LEIA ÊXODO 33.12-17 E REFLITA

Acompanharei você pessoalmente
e lhe darei descanso.
Êxodo 33.14

Quando Deus nos leva a um lugar onde nunca estivemos, supomos que será melhor que o lugar onde estamos. Em última análise, é verdade. Muitas vezes, porém, antes de chegarmos lá, temos de atravessar um deserto.

Deus tem um propósito para o deserto, mas é difícil perceber qual é quando estamos lá. Pode ser assustador quando não sabemos o que esperar. O pensamento mais aterrador é imaginar que o deserto pode ser o nosso destino. Mas felizmente não é. Podemos passar por vários desertos, mas ele é sempre passageiro, ainda que nos pareça longo.

O deserto é onde somos forçados a deixar para trás o que nos é familiar, o conforto, os sucessos do passado, as realizações e a velha bagagem de truques que sempre funcionaram. É ali que ele nos preparará para as coisas boas que virão em nossa vida. É ali que seremos totalmente convencidos de que não chegaremos a lugar algum nem realizaremos coisa alguma sem ele.

O deserto é para onde Deus nos leva quando quer tirar o Egito do nosso coração. Ele deseja nos separar de tudo o que cobiçamos, a fim de que desejemos apenas estar com ele. Deus quer erradicar de nós desejos obsessivos. Isso não quer dizer que ele não queira que tenhamos qualquer tipo de prazer ou de conforto. O que ele quer é que não sejamos *dependentes* desses confortos, mas dele.

Quando Deus nos mostra uma nova direção, temos de deixar para trás o que conhecemos, abraçar o desconhecido e confiar que ele nos sustentará na jornada.

―

Senhor, se me chamares para o deserto, eu irei, porque lá estarás. Ajuda-me a não andar com medo ou em dúvida, mas em fé. Perdoa-me quando murmuro. Ajuda-me a confiar em ti a cada passo. Capacita-me a ver todas as bênçãos que estão aqui. Confio que tua graça é suficiente para este dia e para cada dia que se seguirá.

O *deserto* É PARA ONDE DEUS NOS LEVA QUANDO QUER TIRAR O EGITO DO NOSSO *coração.*

DIA 52

Vivendo do modo que Deus deseja

LEIA JOÃO 8.12-29 E REFLITA

Jesus voltou a falar ao povo e disse: "Eu sou a luz do mundo. Se vocês me seguirem, não andarão no escuro, pois terão a luz da vida".
JOÃO 8.12

Aprender a caminhar com Deus é um processo. Quando imaginamos saber tudo, Deus nos conduz a um lugar novo, onde nossos velhos truques não funcionam. Pode até parecer que estamos aprendendo a andar outra vez. E, de certa forma, é isso mesmo. Quando entramos em território desconhecido, voltamos a perceber que, se quisermos andar sozinhos, tropeçaremos. Quando seguramos a mão de Deus, porém, somos capazes de voar. Deus quer elevar-nos bem acima das nossas limitações e de nossas circunstâncias.

Se, algumas vezes, você se sentir confusa e não souber exatamente para onde está indo, apegue-se à certeza de que o Senhor a capacita para chegar ao seu destino. Agradeça ao Pai por ter lhe ensinado a andar em total dependência dele, e isso é, de fato, um privilégio. É nessa caminhada que encontramos a maior bênção e nos tornamos capazes de afirmar como o salmista: "Tu me mostrarás o caminho da vida e me darás a alegria de tua presença e o prazer de viver contigo para sempre" (Sl 16.11).

Andar com Cristo é andar na luz. Como é empolgante saber que ele deseja realizar grandes coisas por meio de nós, quando vivemos pela fé. Quando Deus instruir você a tomar determinado rumo, ouça minhas duas palavras de conselho: Não hesite!

Senhor, agradeço-te porque, mesmo quando enfraqueço e tropeço, tu me ajudas a levantar e prosseguir. Ajuda-me a lembrar que devo viver do modo como desejas. Torna-me inteiramente dependente de ti.

SE, ALGUMAS VEZES, VOCÊ SE SENTIR CONFUSA E NÃO SOUBER EXATAMENTE PARA ONDE ESTÁ INDO, *apegue-se* À CERTEZA DE QUE O SENHOR A CAPACITA PARA CHEGAR AO *seu destino*.

DIA 53

O poder *da fé*

LEIA NÚMEROS 21.1 - 9 E REFLITA

O POVO CLAMOU A MOISÉS: "PECAMOS AO FALAR CONTRA O SENHOR E CONTRA VOCÊ. ORE PARA QUE O SENHOR TIRE AS SERPENTES DE NOSSO MEIO". E MOISÉS OROU PELO POVO. O SENHOR LHE DISSE: "FAÇA A RÉPLICA DE UMA SERPENTE VENENOSA E COLOQUE-A NO ALTO DE UM POSTE. TODOS QUE FOREM MORDIDOS VIVERÃO SE OLHAREM PARA ELA".
NÚMEROS 21.7-8

Essa passagem conduz a um dos princípios mais fortes das Escrituras: o poder da oração é visto com mais clareza quando há fé.

Por que Deus deu a Moisés a estranha ordem de fazer uma serpente de metal e colocá-la sobre uma haste? Deus ainda acrescentou uma promessa: quem fosse mordido por uma serpente verdadeira poderia *olhar* para a de bronze e viver.

É claro que a serpente de metal não tinha poder, mas a obediência de Moisés à instrução incomum está registrada, assim como o resultado: todos que seguiram a ordem de Deus foram salvos. Embora o procedimento fosse simples, alguns, em sua obstinação, se recusaram a crer.

O mesmo acontece hoje. Jesus morreu na cruz para salvar-nos. No entanto, milhões de pessoas estão vagando no deserto de seu pecado por se recusarem a levantar os olhos para a cruz. Recusam-se a crer que algo tão simples possa salvá-los.

A serpente de bronze sobre a haste é uma representação de Jesus, que a ela se referiu ao conversar com Nicodemos: "E, como Moisés, no deserto, levantou a serpente de bronze numa estaca, também é necessário que o Filho do Homem seja levantado, para que todo o que nele crer tenha a vida eterna" (Jo 3.14-15).

Cristo é nosso mediador e pagou com a morte a pena pelo nosso pecado. Aqueles que olharem para Jesus como Salvador viverão eternamente com ele.

Senhor Jesus, olho para ti como meu Salvador e para aquilo que realizaste na cruz como a garantia da minha salvação. Obrigado por pagares o preço do meu pecado. Perdoa-me se, em algum momento, fui dominada pelo medo e pela dúvida.

AQUELES QUE OLHAREM PARA JESUS COMO SALVADOR VIVERÃO *eternamente* COM ELE.

DIA 54

Quando Deus *diz não*

LEIA 2SAMUEL 7 E REFLITA

VÁ E DIGA A MEU SERVO DAVI QUE ASSIM DIZ O SENHOR: "ACASO CABE A VOCÊ CONSTRUIR UMA CASA PARA EU HABITAR? [...] POIS, QUANDO VOCÊ MORRER E FOR SEPULTADO COM SEUS ANTEPASSADOS, ESCOLHEREI UM DE SEUS FILHOS, DE SUA PRÓPRIA DESCENDÊNCIA, E ESTABELECEREI SEU REINO. ELE É QUE CONSTRUIRÁ UMA CASA PARA MEU NOME, E ESTABELECEREI SEU TRONO PARA SEMPRE".

2SAMUEL 7.5,12-13

Não queremos ouvir um não quando precisamos de ajuda, quando pedimos alguma coisa ou quando queremos comprar algo. Nosso desejo é ouvir sim, sim, sim!

Davi esperava um sim de Deus — assim como o profeta Natã. Afinal de contas, Davi queria honrar a Deus construindo um lugar de adoração. Natã estava tão certo do sim de Deus que orientou Davi a seguir seu coração. Aquele lhe parecia um bom plano com uma boa motivação.

Deus então interferiu: "Naquela mesma noite, porém, o

Senhor disse a Natã...". O profeta compreendeu que teria de dizer a Davi que aquele não era o plano *de Deus*.

A negativa de Deus não significa que ele não se importa conosco, mas, sim, que ele tem um propósito maior. O que você pediu pode ser perigoso, pode estar em segundo plano ou pode ser errado — talvez sua motivação não tenha sido correta. Deus sabiamente diz não.

Quando ouvir um não de Deus, confie na sabedoria dele. É possível que esteja assinalando um sim em outra direção! Davi recebeu um decepcionante não, mas viu também um sim futuro. O filho de Davi, Salomão, construiria o templo com recursos mais gloriosos que qualquer outro.

Quando Deus disser não a alguns de seus pedidos em oração, agradeça-lhe por sua sabedoria. Diga-lhe que ficará na expectativa do bem que resultará.

Senhor, confio em ti e aceito tuas respostas, mesmo quando não são o que eu gostaria. Sou grata a ti por saberes o que é melhor para mim e porque não permitirás que eu vá atrás daquilo que não devo buscar.

QUANDO OUVIR UM NÃO DE DEUS, CONFIE NA *Sabedoria* DELE.

DIA 55

Deus está do seu lado

LEIA 2CRÔNICAS 32.1-23 E REFLITA

"Sejam fortes e corajosos! Não tenham medo nem desanimem por causa do rei da Assíria e de seu exército poderoso, pois um poder muito maior está do nosso lado! Ele tem um grande exército, mas são apenas homens. Nós, porém, temos o Senhor, nosso Deus, para nos ajudar e lutar nossas batalhas!" As palavras de Ezequias deram grande ânimo a seu povo.
2CRÔNICAS 32.7-8

O rei Ezequias tinha certeza de que o rei da Assíria atacaria Jerusalém. Ele reuniu seus conselheiros e esforçou-se para levantar as defesas e preparar a cidade. Então reuniu o povo e lembrou-o de que, independentemente do tamanho do exército adversário, Deus era maior. E "as palavras de Ezequias deram grande ânimo a seu povo".

Não é errado temer a possibilidade de um acontecimento. É realismo. O errado é não buscar auxílio de Deus e não se humilhar em adoração a ele. Entre outras coisas, nosso louvor lembra quão bem conhecemos Deus. Sempre tenha em mente que o inimigo não deseja que você adore a Deus. Portanto, toda vez que tentar construir um altar a Deus em sua vida, o inimigo procurará detê-la.

Você tem enfrentado alguma oposição? Tem sentido o inimigo preparando-lhe um grande ataque? Fica confusa ao ver quão pequenos são sua força e seu poder? Não se preocupe, ore e lembre: "Pois o Espírito que está em vocês é maior que o espírito que está no mundo" (1Jo 4.4).

Quando o rei Ezequias enfrentou um inimigo poderoso, contou a verdade ao povo — Deus é maior. Tenha em mente que, ao reconhecer e louvar a Deus em meio à oposição do inimigo, haverá muito mais poder em você que no inimigo.

Obrigada, Senhor, por estares comigo em tudo o que enfrento. Por maior que seja aquilo que vem contra mim, tu és mais poderoso e mais forte. Peço que estejas comigo nas coisas que enfrento hoje.

TENHA EM MENTE QUE, AO RECONHECER E LOUVAR A DEUS EM MEIO À OPOSIÇÃO DO INIMIGO, HAVERÁ MUITO MAIS *poder em você* QUE NO INIMIGO.

DIA 56

Aprendendo a *caminhar com Deus*

LEIA SALMOS 25.4-5,8-10 E REFLITA

O Senhor é bom e justo;
mostra o caminho correto aos que se desviam.
Guia os humildes na justiça
e ensina-lhes seu caminho.
Salmos 25.8-9

Quando caminhamos com alguém a quem amamos, gostamos de fazê-lo de mãos dadas. O mesmo ocorre com Deus. Ele nos ama tanto que deseja que andemos com ele seguros em sua mão. A diferença é que ele não quer que a soltemos, *nunca*. De fato, sua vontade é que nos tornemos *mais* e *mais* dependentes dele. Deus quer que escalemos alturas que nem imaginamos, mas para isso temos de atravessar os vales profundos e os caminhos estreitos da vida, onde poderíamos nos perder facilmente.

O fato é que não existe um meio de seguirmos em segurança sozinhos. Jamais conheceremos a alegria da verdadeira liberdade até que entendamos que não podemos dar um passo sem sua ajuda. Mas cabe a nós a iniciativa. Jamais aprenderemos a caminhar com Deus se não dermos o primeiro passo. Não podemos nos deixar paralisar pelo medo. Deus só abriu as águas do Jordão para os israelitas depois que eles colocaram os pés na água (Js 3.15-16). Ele sempre exige que o primeiro passo seja nosso. Mas, para dá-lo, temos de olhar para Deus e segurar-lhe a mão. Só depois desse primeiro passo é que ele nos mostrará os passos subsequentes. Descobriremos como evitar o que nos separa dele e do que ele tem preparado para nós.

Quando caminhamos com Deus ele nos ensina a caminhar à luz da sua verdade, revelação e amor.

———

Pai celestial, quero andar segura em tua mão. Ajuda-me a não temer e a dar o primeiro passo. Sei que nesse momento abrirás o caminho por onde desejas que eu vá. Reconheço que, ao tentar andar sozinha, desvio-me dele. Mesmo quando eu não possa ver exatamente para onde vou, dá-me confiança de que podes e me capacitarás a chegar ao meu destino. Ajuda-me a depender totalmente de ti, pois sei que essa é minha maior bênção.

JAMAIS APRENDEREMOS A CAMINHAR COM DEUS SE NÃO DERMOS O *primeiro passo*. MAS, PARA DÁ-LO, TEMOS DE OLHAR PARA DEUS E *segurar-lhe a mão*.

DIA 57

O caminho para *uma vida vitoriosa*

LEIA SALMOS 119.161-168 E REFLITA

Os que amam tua lei estão totalmente seguros
e não tropeçam.
Anseio por teu livramento, Senhor;
tenho cumprido teus mandamentos.
SALMOS 119.165-166

Ninguém gosta de andar em círculos e passar repetidamente pelos mesmos lugares. Ninguém quer experimentar os mesmos problemas e as mesmas frustrações, cometer os mesmos erros e lidar com as mesmas limitações. Todos nós lutamos para romper os círculos viciosos do derrotismo. Queremos superar-nos, esperamos ir além de nossas limitações e circunstâncias. Não desejamos ser apenas sobreviventes.

Como pessoas salvas pelo sacrifício de Jesus Cristo, queremos vencer e ser parte de algo que nos transcende. Sentimos necessidade de estar ligados àquilo que Deus está fazendo na terra a fim de dar frutos para seu reino. Todos nós queremos transbordar do amor e das bênçãos de Deus. Nosso anseio mais intenso é receber tudo o que Deus tem para nós.

O caminho mais curto para que tenhamos uma vida bem-sucedida como filhos de Deus é a obediência. Só conseguimos romper os círculos viciosos que nos aprisionam quando nos dedicamos a estudar a Palavra de Deus e nos empenhamos em colocar em prática os mandamentos do Senhor.

Deus é um Pai amoroso e justo, que sonda o coração de cada um de nós. Achegue-se a ele em oração, disponha-se a obedecer à Palavra e desfrute de uma vida vitoriosa com Cristo.

Deus, não desejo ser medíocre em minha vida espiritual. Quero ser vencedora. Pagaste o preço por mim para que eu pertencesse a ti. Ajuda-me a viver de acordo com essa realidade e com os preceitos registrados na tua Palavra.

O CAMINHO MAIS CURTO PARA QUE TENHAMOS UMA VIDA *bem-sucedida* COMO FILHOS DE DEUS É A *obediência.*

DIA 58

Os benefícios de *esperar em Deus*

LEIA PROVÉRBIOS 8.22-36 E REFLITA

Felizes os que me ouvem,
que ficam à minha porta todos os dias,
esperando por mim na entrada de minha casa!
PROVÉRBIOS 8.34

Se você for como a maioria das pessoas, provavelmente odeia esperar. Somos pessoas ocupadas, e em geral temos mais que fazer em um dia do que talvez possamos concluir. Entretanto, as Escrituras falam da necessidade de esperar — e nos *ordena* a fazê-lo. "Aquiete-se na presença do Senhor, espere nele com paciência" (Sl 37.7). O segredo é esperar *nele*.

A Bíblia ensina que esperar *nele* é na verdade uma bênção em nossa vida.

Esse versículo nos diz que somos abençoados quando damos ouvidos a Deus, vigiamos e esperamos diariamente às suas portas. Mas como é que Deus usa os períodos de espera para abençoar-nos?

Quando Deus permite que circunstâncias nos impeçam de chegar ao alvo, podemos estar certos de que ele tem uma boa razão. Pode ser que o propósito seja edificar nossa fé, porque o Novo Testamento ensina que "a fé mostra a realidade daquilo que esperamos; ela nos dá convicção de coisas que não vemos" (Hb 11.1).

Deus pode também usar os tempos de espera para edificar nosso caráter, enquanto aguardamos que o caráter de Cristo se forme em nós. "Portanto, todos nós, dos quais o véu foi removido, podemos ver e refletir a glória do Senhor, e o Senhor, que é o Espírito, nos transforma gradativamente à sua imagem gloriosa, deixando-nos cada vez mais parecidos com ele" (2Co 3.18).

Deus pode ainda desejar que aprendamos a ser pacientes. Ele nos ama, portanto o tempo de espera nele deve ser benéfico para o crescimento emocional e espiritual. Da próxima vez em que você se sentir tentada a inquietar-se, use o tempo de espera para louvar ao Senhor pelas bênçãos que ele tem para você.

———

Senhor, fala ao meu coração as coisas que preciso ouvir. Ensina-me tudo o que preciso saber. Nos momentos de espera em ti, que o caráter de Cristo seja formado em mim e que minha fé seja aumentada.

A BÍBLIA ENSINA QUE ESPERAR *nele* É NA VERDADE UMA BÊNÇÃO EM NOSSA VIDA.

DIA 59

Esperança em *firmes alicerces*

LEIA PROVÉRBIOS 29.18 E REFLITA

O POVO QUE NÃO ACEITA A ORIENTAÇÃO
DIVINA SE CORROMPE,
MAS QUEM OBEDECE À LEI É FELIZ.
PROVÉRBIOS 29.18

Quando damos espaço a Deus para que realize em nossa vida as mudanças que ele deseja, o Senhor começa a remover tudo o que é desnecessário. Nesse processo, ele nos despoja do que poderia impedir nosso crescimento, preparando-nos para produzir bons frutos. Talvez, nesse período, experimentemos uma sensação de vazio, e nossa vida pode parecer estéril, mas, na verdade, Deus nos está libertando do que não produz vida.

Não queremos ficar apenas nas idealizações, vivendo no mundo dos sonhos, sem ver a materialização de algo significativo em nossa vida, ao nosso redor. Desejamos viver na certeza de que as esperanças, os sonhos e as expectativas que nutrimos se baseiam em convicções dadas por Deus. Queremos uma esperança firmada no alicerce de suas promessas para nós e em seus propósitos revelados em nós.

Nosso Pai é bondoso o suficiente para ouvir e responder nossas orações, especialmente quando elas partem de um coração sincero e sedento de Deus. Se você está passando por uma situação em que a sensação de vazio parece querer dominá-lo, peça ao Senhor que lhe dê uma visão para o futuro e semeie esperança em seu coração. Fale de seu anseio em andar com ele e ver as maravilhas que ele lhe revelou.

Senhor, que meus desejos estejam alinhados a teus desejos. Por mais difícil que seja abrir mão das esperanças e dos sonhos, entrego-os a teus pés. Aceito tua decisão e sujeito-me inteiramente a ela. Conduze-me por teu caminho. Mesmo quando enfrento tribulações, sei que me amas e me proteges.

QUANDO DAMOS ESPAÇO A DEUS PARA QUE REALIZE EM NOSSA VIDA AS *mudanças* QUE ELE DESEJA, O SENHOR COMEÇA A REMOVER TUDO O QUE É *desnecessário*.

DIA 60

O saudável anseio *por Deus*

LEIA ISAÍAS 26.1-9 E REFLITA

SENHOR, AO SEGUIR TUAS JUSTAS DECISÕES,
DEPOSITAMOS EM TI NOSSA ESPERANÇA;
O DESEJO DE NOSSO CORAÇÃO É GLORIFICAR TEU NOME.
ISAÍAS 26.8

Há momentos em que sua vida parece estar fora de controle? Às vezes você sente que são tantas as tarefas e pressões que é difícil ter uma vida de qualidade? Você se preocupa que talvez esteja ignorando certas áreas porque procura desempenhar vários papéis ao mesmo tempo e preencher uma série de expectativas?

Quando esse tipo de dúvida nos assola, sabemos que precisamos passar mais tempo com Deus, em oração. Algo dentro de nós aponta para a necessidade de conhecer melhor a Palavra de Deus, a fim de que possamos servi-lo com mais dedicação e em plenitude. Mas é comum termos de lutar contra a falta de tempo e energia ou oportunidade, não é mesmo?

Às vezes, você tem vontade de simplesmente abraçar Jesus e sentir os braços dele a seu redor? Se a sua resposta é afirmativa, tenho uma boa notícia para lhe dar: Deus quer que você se sinta assim. Ele quer que você anseie por ele.

Quando paramos de nos debater com nossos problemas e aflições, quando deixamos de tentar resolver tudo com as próprias forças e nos entregamos a ele, então experimentamos o bálsamo do cuidado divino em nossa vida.

O Senhor nos convida a depositar nele toda nossa confiança para que celebremos a alegria e a paz que só ele pode dar.

―

Senhor, ajuda-me a não confiar em minhas próprias forças, mas a viver pelo poder do teu Espírito, que habita em mim. Perdoa-me pelos momentos em que me esqueço disso. Ajuda-me a crescer nas coisas do teu reino para que eu possa dedicar-me a ti de forma plena, ativa e produtiva e para que tu cumpras teus propósitos em mim.

ÀS VEZES, VOCÊ TEM VONTADE DE SIMPLESMENTE *abraçar Jesus* E SENTIR OS BRAÇOS DELE A SEU REDOR? SE A SUA RESPOSTA É AFIRMATIVA, DEUS QUER QUE VOCÊ SE *sinta assim*.

DIA 61

Lembra-te de mim, *Senhor*

LEIA 2REIS 20.1-11 E REFLITA

Quando Ezequias ouviu isso, virou o rosto para a parede e orou ao Senhor: "Ó Senhor, lembra-te de como sempre te servi com fidelidade e devoção, e de como sempre fiz o que é certo aos teus olhos". Depois, o rei chorou amargamente.

2REIS 20.2-3

Isaías havia informado Ezequias de sua morte iminente. Você talvez já tenha enfrentado uma situação similar, em decorrência de uma doença terminal, um acidente quase fatal ou um relatório incerto de um exame médico. Como você reage ao confrontar-se com a mortalidade? Ezequias orou. Sua oração foi um apelo para não ser esquecido por Deus: "Lembra-te de como te servi, Senhor. Lembra-te das boas coisas que fiz".

Quando nos vemos em circunstâncias desesperadoras, queremos dizer: "Lembra-te de mim, Senhor. Eu te amo e desejo servir-te mais tempo". Sabemos que Deus não nos deve nada. Mas sabemos igualmente que ele é um Deus de misericórdia e graça. Assim, o que pedimos é que sua graça se estenda agora para nós.

Uma das características evidenciadas na oração de Ezequias é a identificação clara de Deus como a fonte de cura e livramento. Ao voltar-se para Deus de todo o coração, ele se aproximou do único que podia mudar-lhe o destino. Deus ouviu sua oração e o grito de seu coração e não só o curou como lhe concedeu mais quinze anos, para viver e servir.

Quando você estiver em situação difícil, clame a Deus como a fonte de sua cura e livramento. Agradeça-lhe por ser um Deus de misericórdia e graça.

———

Senhor, tu és o Deus que me cura e me liberta. Em tempos de doença, dor ou aflição, peço que te lembres de mim e me cures de qualquer coisa que ameace diminuir o tempo de minha vida ou terminá-la. Ajuda-me a poder servir-te por mais tempo e de maneira mais eficaz, e a não ceder aos planos do inimigo, que buscam a minha derrota.

AO VOLTAR-SE PARA DEUS DE TODO O *coração*, EZEQUIAS SE APROXIMOU DO ÚNICO QUE PODIA *mudar-lhe* O DESTINO.

DIA 62

Ande ao lado do Senhor

LEIA ISAÍAS 50 E REFLITA

Quem entre vocês teme o Senhor
e obedece a seu servo?
Se vocês caminham na escuridão,
sem um raio de luz sequer,
confiem no Senhor
e apoiem-se em seu Deus.
Isaías 50.10

Pense no que acontece quando sua casa fica sem energia elétrica à noite. É praticamente impossível fazer qualquer coisa no escuro. Você anda com cuidado, um passo de cada vez, tateando para identificar objetos conhecidos a fim de se localizar e se apoiar até encontrar uma lanterna, vela ou o interruptor do gerador. Se alguém tem uma fonte de luz, você segura a mão dessa pessoa para andar ao lado dela. Não dá nenhum passo enquanto não tem certeza de que estão indo na mesma direção.

É exatamente dessa forma que Deus usa a escuridão em nossa vida. Estamos no escuro até vermos a luz do Senhor. Ele deseja que lhe seguremos a mão para andarmos juntos na mesma direção.

Às vezes o Senhor permite que enfrentemos momentos de escuridão em nossa vida, porque tudo o que ele mais deseja é que nos aproximemos dele com confiança, tomemos sua mão forte e segura, e caminhemos com a certeza de que ele jamais nos deixa sós.

Se você está passando por uma dolorosa experiência de escuridão em sua vida, estenda a mão agora mesmo e peça que seu Pai amoroso a segure e conduza você. Agradeça a Deus, pois, a cada passo, ele lhe dará a luz de que você necessita para a caminhada.

Senhor, creio em ti e sei que me tiraste das trevas do desespero, da futilidade e do temor. Eu me recuso a ter medo. Guarda-me de andar na escuridão da dúvida e da desobediência ou de culpar-te pelas circunstâncias de minha vida.

O SENHOR *permite* QUE ENFRENTEMOS MOMENTOS DE ESCURIDÃO EM NOSSA VIDA, PORQUE TUDO O QUE ELE MAIS DESEJA É QUE NOS *aproximemos* DELE COM CONFIANÇA.

DIA 63

Deus nos sustentará

LEIA JEREMIAS 45 E REFLITA

Você procura grandes coisas para si mesmo? Não faça isso! Trarei calamidade sobre todo este povo; a você, porém, darei sua vida como recompensa aonde quer que vá. Eu, o Senhor, falei!
JEREMIAS 45.5

Baruque, escriba de Jeremias, sofreu tanto quanto o profeta. Depois de registrar o que Jeremias ouvira do Senhor, ele leu publicamente a profecia, mais uma vez diante de um grupo de líderes e depois disso foi instruído a esconder-se com Jeremias. Um pouco mais tarde soube que o rolo fora rasgado e queimado. Para surpresa de Baruque, Jeremias deu-lhe outro rolo e disse: "Deus mandou escrever tudo outra vez. Vamos começar". Baruque sentiu-se intimidado e temeroso, mas também orou. E Deus respondeu.

O Senhor disse ao escriba por meio de Jeremias que lhe preservaria a vida em todas as circunstâncias. Deus o advertiu de que não buscasse grandes coisas para si porque todos experimentariam adversidades, mas prometeu-lhe resgatá-lo.

A certeza da presença de Deus deve ter sido de grande conforto para Baruque. Essa mesma certeza está disponível para nós. Jesus prometeu: "Estou sempre com vocês, até o fim dos tempos" (Mt 28.20).

Isso não significa que nada de mal nos acontecerá, mas que podemos contar com a presença de Deus ao enfrentarmos tudo que a vida nos trouxer. Jesus declarou: "Eu lhes falei tudo isso para que tenham paz em mim. Aqui no mundo vocês terão aflições, mas animem-se, pois eu venci o mundo" (Jo 16.33).

Não importam as circunstâncias. Deus tem para você um futuro cheio de coisas boas. Ainda que você atravesse períodos difíceis, tome a mão de Deus e ande com ele. O Senhor promete que não nos deixará cair.

Senhor, peço que estejas comigo nas áreas mais difíceis de minha vida. Quando passar por situações penosas, não reclamarei, pois sei que abrirás um caminho ou uma rota de escape.

BARUQUE SENTIU-SE INTIMIDADO E TEMEROSO, MAS TAMBÉM OROU. E DEUS *respondeu*.

DIA 64

Aprendendo *a crer*

LEIA MATEUS 21.21-22 E REFLITA

SE CREREM, RECEBERÃO QUALQUER COISA QUE PEDIREM EM ORAÇÃO.

MATEUS 21.22

Que grande promessa do Senhor! Só precisamos crer. Isso, porém, não é tão fácil, não é mesmo? Duvidar é mais fácil que ter fé para crer nas respostas às orações. Ter fé, entretanto, não é confiar na fé em si, mas confiar em Deus e no que ele diz em sua Palavra.

Jesus prometeu aos discípulos: "'E tudo o que pedirem em oração, vocês receberão'", sob uma condição: "'se crerem'". Crerem em quê? Em nosso próprio pedido? Isso significa que obteremos o que quer que peçamos? A resposta é não. Devemos crer em nossa grande fé? Seríamos insensatos se assim agíssemos. Devemos crer em Deus e confiar em sua vontade perfeita.

É importante lembrar que a vontade de Deus jamais diverge da Palavra. Devemos, sim, orar por aquilo de que precisamos, mas se tais necessidades e desejos contrariarem a vontade de Deus, ele não nos atenderá. Às vezes algo pode parecer estar dentro da vontade de Deus, mas é necessário lembrar que só ele vê o quadro inteiro. Com o tempo, o objetivo da oração pode, afinal, não ser o melhor.

Orar não é dizer a Deus o que deve ser feito. Orar é comunicar os desejos de seu coração. É confiar que Deus sabe o que faz e responderá à sua maneira e em seu tempo. Fé é crer que Deus ouve e fará o que é certo.

A fé está ligada à crença de que Deus é quem ele afirma ser e fará o que diz. Para aumentar sua fé, leia a Palavra de Deus e peça que o Senhor ajude você a aprender dele e a crer nele.

Querido Deus, aumenta minha fé para crer em grandes coisas. Sei que a questão não é confiar na fé em si, mas confiar em ti. Não tem a ver com crer em minha própria habilidade de crer, mas em crer na tua capacidade e na tua promessa de ouvir e responder. Afasta toda a descrença que haja em mim.

FÉ É *crer* QUE DEUS OUVE E FARÁ O QUE É *certo*.

DIA 65

Fé para esperar *a resposta*

LEIA DANIEL 10.1-14 E REFLITA

> EM SEGUIDA, ELE DISSE: "NÃO TENHA MEDO, DANIEL. POIS, DESDE O PRIMEIRO DIA EM QUE VOCÊ COMEÇOU A ORAR POR ENTENDIMENTO E A SE HUMILHAR DIANTE DE SEU DEUS, SEU PEDIDO FOI OUVIDO. EU VIM EM RESPOSTA À SUA ORAÇÃO. POR 21 DIAS, PORÉM, O PRÍNCIPE DO REINO DA PÉRSIA ME IMPEDIU. ENTÃO MIGUEL, UM DOS PRÍNCIPES MAIS IMPORTANTES, VEIO ME AJUDAR, E EU O DEIXEI ALI COM OS REIS DA PÉRSIA".
>
> DANIEL 10.12-13

Você já esperou ansiosamente uma carta ou uma encomenda e viu passarem os dias sem nenhum sinal do que esperava? Como ter certeza de que o pacote foi colocado no correio ou que não foi entregue no endereço errado? Quando se trata de oração, a maioria de nós fica imaginando se a resposta se "perdeu".

O livro do profeta Daniel contém um dos diálogos mais encorajadores e mais sérios registrados na Bíblia no que se refere a resposta à oração. Daniel estivera jejuando e orando durante semanas sem receber nenhuma resposta. Depois de 21 dias, teve uma visão de um ser angelical, que lhe disse que desde o primeiro dia suas orações foram ouvidas. Isso é maravilhoso!

O texto ensina que Deus ouve nossas orações, e que, mais cedo ou mais tarde, a resposta virá. Daniel experimentou isso em sua vida de homem de oração. A aparente demora não desanimou o profeta. Deus prometeu responder nossas orações quando nos aproximamos dele com fé, mas é necessário lembrar que Satanás pode colocar obstáculos no caminho para retardar a resposta, a fim de nos desanimar e nos derrotar. O que devemos fazer? Continuar orando, e com fé! A oração de uma pessoa justa é poderosa e eficaz (Tg 5.16).

Não desista quando a resposta não chegar imediatamente. Deus ouve e vai responder. Você tem a Palavra do Senhor como garantia!

Pai celestial, ajuda-me a esperar pacientemente pelas respostas às minhas orações. Ajuda-me a continuar orando e a não desistir, não importando o tempo que leve ou quantos obstáculos o inimigo lance no meu caminho.

Não desista QUANDO A RESPOSTA NÃO CHEGAR IMEDIATAMENTE. DEUS ouve E VAI RESPONDER.

DIA 66

Nada é impossível para Deus

LEIA MARCOS 10.17-31 E REFLITA

Jesus olhou atentamente para eles e respondeu: "Para as pessoas isso é impossível, mas não para Deus. Para Deus, tudo é possível".
MARCOS 10.27

A coisa mais interessante sobre o poder absoluto de Deus é que *todas as coisas lhe são possíveis*. Não há nada difícil demais para ele. Gabriel disse a Maria que "nada é impossível para Deus", e veja o que aconteceu com ela (Lc 1.37). Jesus afirmou que "Para Deus, tudo é possível", e veja o que ele fez! Não há nada que ele não possa fazer. O poder de Deus é ilimitado.

Se você já enfrentou algum desastre natural, sabe que o poder da natureza é esmagador e provoca medo. Deus, no entanto, tem poder absoluto sobre ela. Posso então sugerir que não *queremos* realmente experimentar a *plena* grandeza do poder de Deus?

Basta dizer que Deus tem muito mais poder que o necessário para satisfazer nossas necessidades e livrar-nos das dificuldades. Ele tem poder mais que suficiente para resgatar-nos de circunstâncias e ajudar-nos a fazer coisas que não poderíamos sem ele.

Se Deus é tão poderoso que pode criar algo do nada ou dar vida aos mortos, pense no que ele pode fazer em sua vida.

Deus, tu és todo-poderoso e nada é difícil para ti, nem mesmo mudar as situações mais difíceis da minha vida. O que é impossível para mim não é para ti, de modo que peço que faças o impossível e me transformes numa pessoa santa, cheia do amor, da paz e da alegria que vêm de ti. Capacita-me a fazer grandes coisas pelo poder do teu Espírito.

SE DEUS É tão poderoso QUE PODE CRIAR ALGO DO NADA OU DAR VIDA AOS MORTOS, PENSE NO QUE ELE pode fazer EM SUA VIDA.

DIA 67

Fé para mover *montanhas*

LEIA LUCAS 17.5-6 E REFLITA

Os apóstolos disseram ao Senhor: "Faça nossa fé crescer!".

LUCAS 17.5

A cada dia torna-se mais essencial que vivamos pela fé. Há ocasiões em que precisamos do tipo de fé que faz diferença entre sucesso e fracasso, vitória e derrota, vida e morte. Por isso devemos orar continuamente por mais fé. Por maior que ela seja, Deus pode e deseja aumentá-la.

De qual promessa de Deus você gostaria de se apropriar pela fé? O que gostaria de ver Deus realizar em sua vida ou na vida de alguém que você conhece e que exige oração de grande fé? Peça que Deus transforme o pequeno grão de mostarda da fé em uma árvore imensa (Mt 17.20), a fim de que você veja essas coisas se concretizarem.

Hebreus 11.1 afirma: "A fé mostra a realidade daquilo que esperamos; ela nos dá convicção de coisas que não vemos". Já Efésios 2.8-9 diz: "Vocês são salvos pela graça, por meio da fé. Isso não vem de vocês; é uma dádiva de Deus". Isso significa que Deus é que nos concede a fé de que necessitamos e da qual dependemos para crer no que ainda está por vir em nossa vida. Deus é misericordioso e bom e, por isso, podemos confiar que ele nos aumentará a fé mediante nossas súplicas.

Em suas orações, peça a Deus que lhe conceda fé crescente. Espere no Senhor, no tempo dele e conforme sua vontade perfeita.

Pai querido, confesso toda dúvida como pecado e peço que me perdoes. Não desejo que as dúvidas impeçam tua ação em minha vida e por meio de mim. Aumenta minha fé a cada dia para que eu possa mover montanhas em teu nome.

DEUS É *misericordioso* E BOM E, POR ISSO, PODEMOS CONFIAR QUE ELE NOS AUMENTARÁ A FÉ MEDIANTE NOSSAS *súplicas*.

DIA 68

Proteção ao *seu alcance*

LEIA SALMOS 91 E REFLITA

Se você se refugiar no Senhor,
se fizer do Altíssimo seu abrigo,
nenhum mal o atingirá,
nenhuma praga se aproximará de sua casa.
SALMOS 91.9-10

Você já parou para pensar que vivemos rodeados por ameaças de todo tipo? Incêndios, atropelamentos, doenças, assaltos, assassinatos e toda sorte de males que figuram nos noticiários diariamente. Estou convicta de que nosso Pai celestial nos guarda e nos protege de mais perigos do que somos capazes de perceber. Nem por isso, contudo, devemos deixar de orar continuamente por essa questão.

Parte da proteção que Deus nos oferece resulta de nossa obediência a suas instruções e de uma vida segundo sua vontade. Quando não agimos desse modo, nos afastamos da comunhão com o nosso Pai, somos incapazes de ouvir sua voz apontando-nos o caminho que devemos percorrer. Quantas tragédias seriam evitadas se as pessoas envolvidas pedissem que Deus lhes mostrasse o que fazer e obedecessem a suas instruções!

O Deus Altíssimo é a sua rocha, sua fortaleza, seu libertador, seu escudo, seu baluarte e a força na qual você pode confiar. Procure andar sempre segundo os preceitos registrados nas Escrituras e desfrute da plenitude de um relacionamento com seu Criador. A paz que daí decorre é suficiente para dissipar todos os seus medos e lhe proporcionar segurança em todas as circunstâncias de sua vida.

———

Senhor, peço que repouses sobre mim tua mão protetora. Não permitas que eu me desvie do centro de tua vontade ou do caminho que traçaste para mim. Que eu possa sempre ouvir tua voz a me guiar.

O **Deus Altíssimo** é a sua rocha, sua fortaleza, seu libertador, seu escudo, seu baluarte e a força na qual você *pode confiar*.

DIA 69

Deus sempre ouve *quando você ora*

LEIA JOÃO 11.1-44 E REFLITA

Jesus olhou para cima e disse: "Pai, eu te agradeço porque me ouviste. Eu sei que sempre me ouves, mas disse isso por causa do povo que está aqui, para que creia que tu me enviaste".
JOÃO 11.41-42

Jesus adiou deliberadamente sua chegada ao túmulo de seu amigo. Quando Lázaro adoeceu, suas irmãs lhe enviaram um recado, mas ele permaneceu onde estava por mais dois dias, dizendo aos discípulos: "A doença de Lázaro não acabará em morte" (Jo 11.4), e depois: "Nosso amigo Lázaro adormeceu, mas agora vou despertá-lo" (11.11). Eles não entenderam o que Jesus queria dizer, então finalmente contou-lhes: "Lázaro está morto" (11.14).

Quando Jesus chegou, Lázaro estava enterrado havia quatro dias. Maria e Marta acharam difícil não expressar seu desapontamento com ele. Jesus então disse: "Eu sou a ressurreição e a vida. Quem crê em mim viverá, mesmo depois de morrer" (11.25).

Quando chegou ao sepulcro, Jesus pediu que fosse aberto. Ao ser retirada a pedra, ele orou: "Pai, eu te agradeço porque me ouviste" (11.41). Parecia o final e não o começo de uma oração. Jesus evidentemente estivera orando todo o tempo.

Era certamente difícil para Jesus não estar com os amigos naquele período trágico. Mas ele falou com Deus e esperou pelo momento certo, para que o Pai fosse glorificado.

Jesus sabia que o Pai sempre o ouvia. Ele sabia dias antes que Lázaro seria ressuscitado. Como é maravilhoso ter a certeza de que Deus sempre nos ouve quando oramos e confiar completamente que somos filhos de Deus e coerdeiros com Cristo! (Rm 8.17).

Deus quer que nos lembremos de que Jesus traz vida, independentemente de quão mortas e desesperadoras as circunstâncias pareçam. Só precisamos continuar a orar e crer que sua resposta virá.

Deus Pai, eu te agradeço porque fizeste de todos os que creram filhos e co-herdeiros com Cristo. Ajuda-me a manter comunicação contínua contigo, para que eu sinta tua presença na caminhada e para que tu sejas glorificado por minha vida.

DEUS QUER QUE NOS LEMBREMOS DE QUE JESUS *traz vida*, INDEPENDENTEMENTE DE QUÃO MORTAS E DESESPERADORAS AS *circunstâncias* PAREÇAM.

DIA 70

Sua confiança será *recompensada*

LEIA HEBREUS 10.32 - 39 E REFLITA

Portanto, não abram mão de sua firme confiança. Lembrem-se da grande recompensa que ela lhes traz. Vocês precisam perseverar, a fim de que, depois de terem feito a vontade de Deus, recebam tudo que ele lhes prometeu.
HEBREUS 10.35-36

Você já orou várias vezes por uma situação, uma pessoa, uma necessidade ou um sonho, e ainda não obteve uma resposta do Senhor? Quando a impressão que temos é de que nossas orações não estão sendo respondidas há um bom tempo, em vez de permanecermos firmes na espera, talvez a nossa vontade seja de desistir, ou nos chatear com Deus, ou perder o ânimo.

Já passei por isso, e descobri que a única maneira de sair da frustração, da amargura e do desânimo é por meio do louvor. Quando louvo a Deus, é mais fácil reconhecer o pecado da dúvida e da frustração para que eu possa confessá-lo. A adoração ajuda-me a reconhecer que Deus é maior que qualquer uma das coisas pelas quais estou orando. Ela me ajuda a confiar que Deus ouviu minhas orações e que responderá à sua maneira e no seu tempo.

Assim, ao primeiro sinal de frustração e desânimo, adore a Deus e ele lhe abrirá os olhos para a verdade e a ajudará a ver as coisas por uma perspectiva mais próxima à dele. Persevere em oração. Quando as orações não são respondidas, muitas vezes pensamos que Deus não nos ama ou não se preocupa conosco e com as coisas que são importantes para nós. Mas é exatamente o contrário. Nada diminui seu amor por nós. Embora tenhamos o privilégio de orar, não temos o direito de dizer a Deus como ele deve responder nossas orações. Isso cabe a *ele*. A *nós* nos cabe orar e louvar. Precisamos fazer o *nosso* trabalho e deixar que Deus faça o *dele*.

―

Senhor, não quero limitar o teu agir em minha vida por causa de minha falta de fé. Ajuda-me a ter esperança, ser paciente e perseverante na oração. Sejam ou não minhas orações respondidas, eu te louvarei.

RESPONDER NOSSAS ORAÇÕES cabe a Deus. A NÓS NOS CABE ORAR E LOUVAR. PRECISAMOS FAZER O NOSSO TRABALHO E DEIXAR QUE DEUS faça o dele.

DIA 71

Lute contra
a falta de fé

LEIA JOÃO 20.24-30 E REFLITA

Você crê porque me viu. Felizes são aqueles que creem sem ver.
JOÃO 20.29

Duvido que haja alguém que nunca tenha lutado contra a dúvida em algum momento. Entretanto, descobri que a dúvida não é o maior pecado. O maior pecado é não ter fé. Podemos ter dúvidas e ainda prosseguir na fé. Podemos ter dúvidas, mas não de Deus. Com Deus, precisamos de uma fé inabalável.

Quando não confiamos em Deus, presumimos imediatamente o pior. Isso é pecado. Tudo o que não provém da fé é pecado (Rm 14.23). O Senhor fica triste quando não confiamos *nele*. Ele quer suprir nossas necessidades, libertar-nos do plano do inimigo para nossa vida, mostrar-nos nosso propósito e ajudar-nos a seguir nele. Deus quer que sempre confiemos nele em todas as coisas.

A fé é um dom (Rm 12.3). Deus nos concede uma porção de fé para levarmos a vida. A fé para o futuro, a fé de que seu poder nos guia, a fé em sua capacidade de cuidar de nós... Às vezes, ele também nos dá uma *medida especial* de fé para o momento de dúvida, e precisamos agir de acordo.

O fato de Deus responder à nossa fé é um sinal de seu amor por nós. Ele nos recompensa por crermos nele, por confiarmos nele e por amá-lo. É seu grande amor por nós que nos leva a ter fé nele. Quanto mais você perceber quanto ele o ama, mais terá fé nele. Quanto mais você o adorar, mais entenderá e confiará no amor dele por você.

———

Senhor, eu te louvo porque todas as coisas te são possíveis. Peço-te que aumentes minha fé. Ajuda-me a sempre pedir com fé, em nada duvidando. Que eu nunca seja como uma onda do mar impelida e agitada pelo vento da dúvida. Quero ter tanta fé a ponto de estar totalmente convencida de que tudo o que me prometeste também serás capaz de realizar em minha vida.

A DÚVIDA NÃO É O MAIOR PECADO.
O MAIOR PECADO É *não ter fé*.

DIA 72

O Senhor é *a sua luz*

LEIA SALMOS 107.1-16 E REFLITA

Em sua aflição, clamaram ao Senhor,
e ele os livrou de seus sofrimentos.
Tirou-os da escuridão e das trevas profundas
e quebrou suas algemas.

SALMOS 107.13-14

Tudo é obscuro quando não há luz para iluminar a situação. Se não possuímos a luz verdadeira, vivemos em trevas. Quando, porém, temos dentro de nós a luz inextinguível do Senhor, nunca vivemos em escuridão total.

Existem tipos de escuridão e precisamos saber distingui-los. A escuridão total descreve o estado em que entramos quando nos recusamos a deixar Deus fazer parte da nossa vida. Há, também, a escuridão das emoções negativas, como a ignorância, o orgulho, a inveja, a raiva ou o ódio. Por mais prejudiciais que sejam nossos erros, porém, Deus sempre nos mostra uma forma de sair da escuridão em que nos encontramos.

Temos acesso à luz do Senhor quando recorremos ao privilégio que temos de orar, levando-lhe nossas ansiedades, dúvidas e medos. Quando nos derramamos diante dele, sua luz começa a afastar as trevas que nos assombram. Nos momentos de aflição, não hesite em entregar-se ao Senhor todo-poderoso. Confie apenas que ele está pronto a livrá-la das sombras e a quebrar as correntes que a aprisionam.

Agradeça a Deus porque, mesmo nos momentos mais sombrios, ele tem tesouros reservados para você. Sejam quais forem as circunstâncias que você esteja atravessando, a presença e a graça de Deus estão prontas a confortá-la e a iluminá-la.

Senhor, obrigada porque, ao andar contigo, não preciso temer as trevas. Tu estás presente até mesmo na noite mais escura. Obrigada porque me tiraste das trevas e me trouxeste para tua gloriosa luz.

QUANDO NOS *derramamos* DIANTE DO SENHOR, SUA LUZ COMEÇA A *afastar* AS TREVAS QUE NOS ASSOMBRAM.

DIA 73

Crer *sem ver*

LEIA JOÃO 20.19-29 E REFLITA

ENTÃO JESUS LHE DISSE: "PORQUE ME VIU, VOCÊ CREU? FELIZES OS QUE NÃO VIRAM E CRERAM".
JOÃO 20.29

Todos conhecemos pessoas como Tomé. Pessoas difíceis de convencer, que duvidam com frequência e que normalmente são negativas. Pessoas que não acreditam no que não podem ver. É provável que todos nós tenhamos sido assim algum dia.

Mesmo depois que os demais discípulos creram na ressurreição por terem visto Jesus pessoalmente, Tomé insistia na descrença. Não acreditou até que Jesus apareceu onde todos estavam reunidos, a portas fechadas. Poderíamos pensar que isso fosse evidência suficiente. Mas Tomé precisou tocar as mãos de Jesus traspassadas pelos pregos e seu lado, onde a lança o ferira. Jesus disse a Tomé que ele cria por ter visto, mas os que criam sem ter visto seriam abençoados.

Quem acreditar que Jesus morreu por nós e ressuscitou dentre os mortos está entre os bem-aventurados. Deus quer, porém, abençoar-nos de muitas maneiras que requerem fé. Fé em sua Palavra. Fé em suas promessas. Fé em seu amor, seu poder e sua bondade. Ele quer que creiamos em coisas que ainda não podemos ver. Tomé precisou de ajuda para crer. Muitas vezes nós também precisamos. Como aquele pai que levou o filho a Jesus para ser curado, podemos clamar a Deus: "Eu creio, mas ajude-me a superar minha incredulidade" (Mc 9.24).

Em tempos de dúvida, devemos ser sinceros com Deus. Não queremos ser pessoas que só creem por terem visto. Quando se trata de oração, a verdade é que não veremos até que tenhamos fé.

———

Senhor, sei que desejas me abençoar de maneiras incontáveis, que exigem que eu creia sem ver. Ajuda-me a ter fé na tua Palavra e nas tuas promessas, bem como no teu amor, na tua bondade e no teu poder. Ajuda-me a confiar que estás respondendo minhas orações, mesmo quando eu não puder ver a resposta.

JESUS DISSE A TOMÉ QUE ELE CRIA POR TER VISTO, MAS OS QUE CRIAM *sem ter visto* SERIAM ABENÇOADOS.

DIA 74

Quando temos de tomar decisões

LEIA ATOS 14.21-28 E REFLITA

PAULO E BARNABÉ TAMBÉM ESCOLHERAM PRESBÍTEROS EM CADA IGREJA E, COM ORAÇÕES E JEJUNS, OS ENTREGARAM AOS CUIDADOS DO SENHOR, EM QUEM HAVIAM CRIDO.
ATOS 14.23

Sempre que Deus comunicava algo importante a seu povo, ou sempre que uma decisão importante tinha de ser tomada, havia antes oração, em geral acompanhada de jejum.

Quando os apóstolos tiveram de escolher um substituto para Judas, reuniram-se em oração (1.14). Quando os cristãos da igreja de Jerusalém começaram a enfrentar severa perseguição, oraram a Deus por coragem, levantando "juntos a voz" (4.24). Ao se tornar claro para os cristãos convertidos do judaísmo que até os samaritanos podiam ser salvos, enviaram Pedro para orar por esses novos seguidores de Jesus (8.15). Quando Pedro foi preso, a igreja reuniu-se para orar por ele (12.12). Deus separou Paulo e Barnabé enquanto a igreja em Antioquia adorava e jejuava (13.2).

Não é de surpreender, portanto, que Paulo e Barnabé só auxiliassem na organização da liderança das igrejas que fundaram depois de orar e jejuar (14.23). Não podiam permanecer em cada igreja; tinham de seguir adiante. Para que a igreja continuasse a prosperar, eram necessários líderes solidamente cheios do Espírito. Assim, Paulo e Barnabé buscaram o Senhor e esperaram por sua orientação. O resultado foi o crescimento das igrejas, mesmo após a partida de Paulo e Barnabé.

Sempre que tiver de tomar decisões importantes e enfrentar questões difíceis, ore. Quando combinamos oração com jejum, nossas orações ganham novo poder. Estaremos depositando confiança em Deus, e apenas nele, para nos alimentar e saciar a fome com seu Espírito. Essa prática é especialmente poderosa se a seguirmos com outros cristãos, em unidade.

———

Senhor Deus, sei que minhas orações ganham novo poder quando jejuo e oro. Ajuda-me a fazer isso sempre que tiver de tomar uma decisão importante e lidar com as grandes oportunidades que virão.

SEMPRE QUE TIVER DE TOMAR *decisões importantes* E ENFRENTAR QUESTÕES DIFÍCEIS, ORE.

DIA 75

Mais do que você *pode imaginar*

LEIA 1CRÔNICAS 17.1-27 E REFLITA

E agora, ó Senhor, sou teu servo; faze o que prometeste a meu respeito e de minha família. Confirma-o como uma promessa que durará para sempre. Que o teu nome seja estabelecido e honrado para sempre, a fim de que todos digam: "O Senhor dos Exércitos, o Deus de Israel, é Deus para Israel!". E que a dinastia de teu servo Davi permaneça diante de ti para sempre.
1Crônicas 17.23-24

Davi desejava construir um templo em honra do Senhor. Mediante uma revelação a Natã, Deus avisou que não seria Davi quem realizaria esse objetivo.

Em lugar de queixar-se, Davi respondeu com humildade, gratidão e louvor. Deus estava concedendo mais do que ele jamais sonhara — um templo e um reino eterno! Davi reconheceu que essa grande bênção estava relacionada com o caráter e a graça de Deus, e não com qualquer mérito dele próprio (1Cr 17.16-19). Davi louvou a Deus, dizendo: "Ó Senhor, não há ninguém igual a ti!" (1Cr 17.20). Descreveu também o paralelo entre a graciosa escolha de sua família por parte de Deus e a fidelidade do Senhor a Israel, ambos exemplos da intenção surpreendente de Deus de pôr em prática seus planos por meio de pessoas frágeis e imperfeitas. Davi, então, fez um pedido: "Confirma-o como uma promessa que durará para sempre" (1Cr 17.23).

Sempre que sentir que Deus está dizendo não a sua oração, não se fixe em seu desapontamento porque sua vontade não se realizará. Se agir assim, poderá perder a alegria de algo muito melhor que talvez aconteça se a vontade de Deus for feita. Ela é sempre melhor que qualquer coisa que possamos imaginar.

Senhor, confesso qualquer desapontamento que tenha tido quando minhas orações não foram respondidas como eu queria. Sei que aquilo que tens para mim é maior do que posso imaginar. Perdoa-me por qualquer ocasião em que não tenha confiado nessa verdade.

EM LUGAR DE QUEIXAR-SE, DAVI *respondeu* COM HUMILDADE, GRATIDÃO E LOUVOR.

DIA 76

Fortaleça sua fé no Senhor

LEIA ROMANOS 1.16-17 E REFLITA

As boas-novas revelam como Deus nos declara justos diante dele, o que, do começo ao fim, é algo que se dá pela fé. Como dizem as Escrituras: "O justo viverá pela fé".
ROMANOS 1.17

A fé é um músculo espiritual que precisa ser exercitado a fim de evitar que atrofie e enfraqueça espiritualmente todo o nosso ser. No início, a fé é uma decisão, depois um exercício de obediência, para então se tornar um presente de Deus à medida que é multiplicada.

Damos nosso primeiro passo de fé quando decidimos receber a Jesus. Então, toda vez que decidimos confiar no Senhor em qualquer situação, nós a fortalecemos, e sempre que decidimos *não* confiar nele, nós a destruímos. A fé é nossa decisão diária de confiar em Deus.

Sem fé, esse dom de Deus, é impossível alcançar o bem--estar espiritual. No entanto, para fortalecê-la, precisamos obedecer (Ef 2.8-10). Um passo importante nesse sentido é preencher a mente com a Palavra (Rm 10.17). Ler e estudar a Bíblia aumenta a fé. Outra coisa importante é rejeitar qualquer *espírito de dúvida* enviado pelo inimigo, que tentará minar nossa confiança de que Deus é capaz ou fiel o suficiente para suprir nossas necessidades. Muitos israelitas caíram nessa armadilha, e por isso não puderam entrar na Terra Prometida (Hb 3.19).

Isso revela quanto somos limitados. Mas estar ciente das próprias limitações não quer dizer que não tenhamos fé. Achar que *Deus* tem limitações é o que indica falta de fé. Quando a fé brota, ela dá à luz a esperança e passamos a confiar incondicionalmente no Senhor em toda e qualquer circunstância.

―――

Senhor, decidi segui-te. Sei que ouves minhas orações mesmo quando não vejo as respostas imediatamente. Quaisquer que forem os acontecimentos e circunstâncias, quero manter firme minha esperança. Entretanto, mesmo tendo fé, também tenho limitações. Por isso preciso que fortaleças minha fé nas áreas em que ela está enfraquecida. Mostra-me como confiar em ti incondicionalmente.

A FÉ É UM MÚSCULO ESPIRITUAL QUE PRECISA SER *exercitado* A FIM DE EVITAR QUE ATROFIE E *enfraqueça* ESPIRITUALMENTE TODO O NOSSO SER.

DIA **77** # Lições de paciência
e esperança

LEIA ROMANOS 15.1-6 E REFLITA

ESSAS COISAS FORAM REGISTRADAS HÁ MUITO TEMPO PARA NOS ENSINAR, E AS ESCRITURAS NOS DÃO PACIÊNCIA E ÂNIMO PARA MANTERMOS A ESPERANÇA.
ROMANOS 15.4

Quantas vezes ao longo da vida você não teve de esperar por algo? Mudança de circunstâncias, mais dinheiro, melhores relacionamentos, a oportunidade ideal, a pessoa certa, alguém que notasse você. Não é agradável esperar. Deus, porém, afirma que esperar pode ser bom, pois nos ensina a ser pacientes.

A paciência, um atributo de Deus, é uma das virtudes necessárias para nos tornarmos completos. Quando somos pacientes, nos assemelhamos ao Senhor. Quando somos provados no deserto e precisamos abrir mão de sonhos ou enfrentar provações intensas, aprendemos, entre outras coisas, a ser pacientes.

O hábito diário de orar e ler a Bíblia nos ajuda a manter acesa a esperança, nos leva a confiar mais em Deus e a depender dele, faz de nós pessoas mais pacientes. Diga ao Senhor neste mesmo instante: "Ponho minha esperança em tua Palavra e peço que me enchas novamente com teu Espírito Santo e removas de mim toda ansiedade e dúvida. Faze tua luz brilhar nos cantos escuros de minha alma que precisam ser revelados. Quero descansar nas tuas promessas".

Seus momentos de comunhão com o Senhor renovarão sua fé e sua esperança a cada dia, de modo que você será transformada aos poucos, a fim de parecer-se mais com seu Salvador.

———

Senhor, espero em ti neste dia. Não quero que minha impaciência ou minha falta de confiança sejam empecilhos para o que desejas fazer em mim. Ajuda-me a ser paciente, Senhor. Ajuda-me a ser semelhante a ti.

NÃO É AGRADÁVEL ESPERAR.
DEUS, PORÉM, AFIRMA QUE ESPERAR
PODE SER BOM, POIS NOS ENSINA
A SER *pacientes*.

DIA 78

Quando o fracasso alheio
prova nossa fé

LEIA 2CORÍNTIOS 13.1-10 E REFLITA

ORAMOS A DEUS PARA QUE VOCÊS NÃO FAÇAM O QUE É MAU, NÃO PARA QUE PAREÇA QUE FOMOS APROVADOS EM NOSSO SERVIÇO, MAS PARA QUE FAÇAM O QUE É CERTO, MESMO QUE PAREÇA QUE FOMOS REPROVADOS AO REPREENDÊ-LOS. POIS NÃO PODEMOS RESISTIR À VERDADE, MAS DEVEMOS SEMPRE DEFENDÊ-LA. FICAMOS ALEGRES QUANDO ESTAMOS FRACOS, SE ISSO AJUDAR A MOSTRAR QUE, NA REALIDADE, VOCÊS ESTÃO FORTES. ORAMOS PARA QUE SEJAM RESTAURADOS.

2CORÍNTIOS 13.7-9

Ao referir-se a algumas críticas que questionavam sua fé, Paulo sentiu-se motivado a discutir o teste da verdadeira fé. Ele orou para que a fé dos coríntios não vacilasse mesmo diante de sua suposta reprovação nesse teste.

A oração de Paulo para encorajar os coríntios a agirem com retidão não representava o pedido de um líder perfeccionista que acreditava que o comportamento de seus discípulos refletia sobre ele. Normalmente ficamos tão ligados às pessoas que nos orientam ou ensinam espiritualmente que, quando falham, nossa fé corre o risco de também falhar. A oração de Paulo consistia em que essas pessoas tivessem uma fé tão ligada a Deus e a sua fidelidade que nada, nem mesmo decepções com os mentores, pudesse abalá-la.

Todos precisamos dessa modalidade de fé. As pessoas nos decepcionarão de vez em quando — mesmo os melhores mentores, os pregadores favoritos e as pessoas de quem mais precisamos. Mas, se o fundamento de nossa fé estiver apenas em Deus, isso não nos abalará.

Para ter esse tipo de fé, devemos investir no relacionamento com Deus. Ele jamais mudará. Podemos sempre depender dele. Se pedirmos, ele nos fortalecerá a fé.

Senhor, ajuda-me a fazer a coisa certa e a permanecer forte em ti sem me preocupar com o que os outros estão fazendo. Dá-me a fé que não depende da ascensão ou da queda de outros. Sei que tu não falharás, ainda que outros falhem, e isso é tudo o que importa.

AS PESSOAS NOS DECEPCIONARÃO DE VEZ EM QUANDO. MAS, SE O *fundamento* DE NOSSA FÉ ESTIVER APENAS EM DEUS, ISSO NÃO NOS *abalará*.

DIA **79**

Aproxime-se,
confiante, do trono de Deus

LEIA HEBREUS 4.14-16 E REFLITA

> NOSSO SUMO SACERDOTE ENTENDE NOSSAS FRAQUEZAS, POIS ENFRENTOU AS MESMAS TENTAÇÕES QUE NÓS, MAS NUNCA PECOU. ASSIM, APROXIMEMO-NOS COM TODA CONFIANÇA DO TRONO DA GRAÇA, ONDE RECEBEREMOS MISERICÓRDIA E ENCONTRAREMOS GRAÇA PARA NOS AJUDAR QUANDO FOR PRECISO.
> HEBREUS 4.15-16

Jesus nos compreende inteiramente porque deixou o céu e veio à terra como ser humano. Ele, "embora sendo Deus, não considerou que ser igual a Deus fosse algo a que devesse se apegar. Em vez disso, esvaziou a si mesmo; assumiu a posição de escravo e nasceu como ser humano" (Fp 2.6-7).

Jesus era plenamente Deus e plenamente humano, como nós. Ele sofreu angústia, perseguição e dor, podendo então compreender *nossa* angústia, perseguição e dor. Foi tentado de todas as formas e, portanto, compreende *nossa* luta com a tentação. Embora nunca tivesse cedido à tentação, ele entende que muitas vezes *nós* não resistimos a ela.

Especialmente em tempos de fraqueza, tentação, confusão ou vergonha, devemos orar com coragem e confiança, cientes de que Jesus nos compreende. Sabemos que ele está presente em meio a tudo que nos perturba, interferindo em nosso favor. Sabemos que, por estarmos com ele — o Filho amado de Deus que morreu para nos salvar —, Deus ouve nossas orações como filhos amados. Podemos ter confiança diante de Deus por causa de Jesus.

———

Obrigada, Jesus, porque entendes minhas fraquezas e tentações, pois passaste por todo tipo de tentação, embora sem pecado. Porque entendes minhas lutas, sei que posso ir a ti e receber misericórdia. Ajuda-me a aproximar-me de ti com confiança, ciente de que me ajudarás no momento da necessidade.

SABEMOS QUE, POR *estarmos* COM ELE — O FILHO AMADO DE DEUS QUE MORREU PARA NOS SALVAR —, DEUS OUVE NOSSAS ORAÇÕES COMO *filhos amados*.

DIA 80

O Senhor é nosso refúgio

LEIA O SALMO 57 E REFLITA

TEM MISERICÓRDIA DE MIM,
Ó DEUS, TEM MISERICÓRDIA!
EM TI ME REFUGIO.
À SOMBRA DE TUAS ASAS ME ESCONDEREI,
ATÉ QUE PASSE O PERIGO.

SALMOS 57.1

As pessoas más não temem a Deus. Referindo-se ao perverso, Davi disse: "O pecado do ímpio sussurra ao seu coração; ele não tem o menor temor de Deus. Em sua cega presunção, não percebe quão grande é sua perversidade. Tudo que diz é distorcido e enganoso; não quer agir com prudência nem fazer o bem. Mesmo à noite, trama maldades; suas ações nunca são boas, e não se esforça para fugir do mal" (Sl 36.1-4)

No entanto, não precisamos temer o perverso, pois Deus nos protege quando fazemos dele o lugar seguro ao qual recorremos. Enquanto Davi fugia de Saul, seu perseguidor implacável, orou as palavras do salmo 57. Davi pôs sua esperança na misericórdia de Deus, e Deus o protegeu. Davi disse a Deus: "Meu coração está firme em ti, ó Deus, meu coração está firme; por isso canto louvores a ti!" (Sl 57.7).

Se nossa hora não tiver chegado, Deus nos livrará da morte. Lembrando-se do amor e da misericórdia de Deus, o salmista anunciou com fé: "Não morrerei; pelo contrário, viverei para contar o que o Senhor fez" (Sl 118.17-18).

Deus nos livra por seu amor para que anunciemos seus grandes feitos e glorifiquemos seu nome.

———

Senhor, eu te agradeço porque és meu refúgio seguro, onde posso me esconder até que passe o perigo. Livra-me das tramas dos ímpios, não permitas que eu tropece. Preserva minha vida para que eu te louve e anuncie a outros tua bondade.

NÃO PRECISAMOS TEMER O PERVERSO, POIS DEUS NOS *protege* QUANDO FAZEMOS DELE O LUGAR *seguro* AO QUAL RECORREMOS.

DIA 81

Vida plena *pela fé*

LEIA HEBREUS 11 E REFLITA

SEM FÉ É IMPOSSÍVEL AGRADAR A DEUS. QUEM DESEJA SE APROXIMAR DE DEUS DEVE CRER QUE ELE EXISTE E QUE RECOMPENSA AQUELES QUE O BUSCAM.
HEBREUS 11.6

Se você é como eu, não quer apenas levar a vida. Não deseja simplesmente existir, sobreviver e encontrar um jeito de lidar com as dificuldades. Você quer a vida abundante a que Jesus se referiu quando disse: "Eu vim para lhes dar vida, uma vida plena, que satisfaz" (Jo 10.10). De fato, Deus quer que vivamos de acordo com as verdades contidas em sua Palavra.

Não queremos ser pessoas que ouvem a verdade, mas não se apropriam dela pela fé praticando-a diariamente. Estamos cansados de lutar com as dúvidas, o medo, a insegurança e a incerteza. Desejamos uma vida com intenção e propósito. Tudo que queremos é nutrir-nos com o alimento sólido da verdade de Deus a fim de ter uma vida empolgante e produtiva.

A Bíblia nos orienta a pedir "com fé, sem vacilar", pois quem duvida "tem a mente dividida" e jamais "deve esperar receber coisa alguma do Senhor" (Tg 1.6-8). Que os "heróis da fé" mencionados em Hebreus nos sirvam de exemplo, hoje. Podemos pedir a Deus que nos dê vida plena e que faça crescer em nós a mesma fé que habitou em Abel, Noé, Abraão e tantos outros.

Por isso, aproxime-se com confiança do trono de Deus, crendo que de lá brotarão as bênçãos mais preciosas para a sua vida e para a vida daqueles a sua volta.

———

Senhor, confesso toda dúvida como pecado e peço que me perdoes. Que minhas dúvidas não sejam obstáculo para aquilo que desejas fazer em mim e por meio de mim. Aumenta minha fé a cada dia para que eu possa mover montes em teu nome e caminhar em direção a tudo o que tens para mim.

APROXIME-SE COM *confiança* DO TRONO DE DEUS, CRENDO QUE DE LÁ BROTARÃO AS BÊNÇÃOS MAIS *preciosas* PARA A SUA VIDA E PARA A VIDA DAQUELES A SUA VOLTA.

DIA 82

Em busca
da fé genuína

LEIA 1PEDRO 1.3-10 E REFLITA

Portanto, alegrem-se com isso, ainda que agora, por algum tempo, vocês precisem suportar muitas provações. Elas mostrarão que sua fé é autêntica. Como o fogo prova e purifica o ouro, assim sua fé está sendo experimentada, e ela é muito mais preciosa que o simples ouro. Isso resultará em louvor, glória e honra no dia em que Jesus Cristo for revelado.

1PEDRO 1.6-7

Deus é grandioso e deseja realizar grandes coisas por meio de nós. No entanto, precisamos dar um passo de fé quando ele pede que o façamos. Por isso, ele nos permite passar por dificuldades e por momentos em que nos sentimos fracos e vulneráveis. Permite acontecimentos que nos farão voltar na direção dele. É nessas ocasiões, quando somos obrigados a orar com mais convicção, que nossa fé e nossa vida são transformadas.

Quando reafirmamos as verdades e as promessas de Deus em voz alta, sentimos nossa fé crescer. Cada vez que buscamos a Deus em oração, ele nos sara e transforma em alguma área.

Deus pode quebrantar as partes endurecidas de seu coração e revigorar as partes entorpecidas de seu ser. Peça-lhe direcionamento e sabedoria nas áreas em que, porventura, você tenha se tornado rebelde. Nosso Pai celestial quer torná-la fiel e obediente como Jesus foi, e certamente não há bênção maior que essa.

Senhor, transforma-me pelo poder de teu Espírito. Dá-me fé para que eu possa orar com poder. Não desejo perceber uma necessidade e não ter fé suficientemente forte para orar e crer a ponto de mudar a situação ou ver mudanças em mim. Nas áreas em que sou resistente a mudanças, ajuda-me a confiar em tua obra em minha vida.

CADA VEZ QUE BUSCAMOS A DEUS *em oração*, ELE NOS SARA E TRANSFORMA EM ALGUMA ÁREA.

DIA 83

Abre meus olhos, Senhor

LEIA 2REIS 6.8-23 E REFLITA

Então Eliseu orou: "Ó Senhor, abre os olhos dele, para que veja". O Senhor abriu os olhos do servo, e ele viu as colinas ao redor de Eliseu cheias de cavalos e carruagens de fogo. Quando os sírios avançaram na direção de Eliseu, ele orou: "Ó Senhor, faze que fiquem cegos". E o Senhor fez que ficassem cegos, conforme Eliseu havia pedido.

2REIS 6.17-18

Eliseu e seu servo estavam cercados pelo exército inimigo. Eliseu, porém, sabia algo que o servo desconhecia e, portanto, orou para que Deus *realmente* lhe abrisse os olhos. Só então o servo viu um exército ainda maior que cercava o lugar: o exército de Deus.

Todas podemos orar como Eliseu: "Abre meus olhos, Senhor. Ajuda-me a ver a situação verdadeira, a situação sobrenatural. Ajuda-me a ver o que estás fazendo. Levanta a cortina de meus olhos espirituais para que eu possa ver tua mão operar por trás das cenas das batalhas que enfrento na vida".

Existe ainda outra oração nessa história. Depois que orou para que seu servo conseguisse enxergar a verdade sobre a proteção sobrenatural de Deus, Eliseu orou para que os inimigos fossem atacados de cegueira, a fim de não verem o que os rodeava. Isso os faria seguir um caminho diferente. As duas orações de Eliseu foram respondidas.

Há ocasiões em que também precisamos orar como Eliseu fez da segunda vez. Devemos pedir a Deus que cegue e confunda o inimigo.

Peça a Deus que capacite você a ver com olhos espirituais a fim de conseguir entender melhor as coisas da perspectiva *dele*.

Deus todo-poderoso, peço-te que abras meus olhos para que eu entenda minha verdadeira situação. Dá-me uma compreensão clara — especialmente quando me vejo diante do inimigo — de tudo o que estás fazendo na circunstância em que vivo. Ajuda-me a confiar em tua mão protetora. Capacita-me a ver as coisas a partir da tua perspectiva de modo que eu possa permanecer forte.

PEÇA A DEUS QUE CAPACITE VOCÊ A VER COM OLHOS ESPIRITUAIS A FIM DE CONSEGUIR ENTENDER MELHOR AS COISAS DA PERSPECTIVA DELE.

DIA 84

Consolo em tempos difíceis

LEIA 1PEDRO 5.6-11 E REFLITA

O DEUS DE TODA A GRAÇA, QUE OS CHAMOU PARA A SUA GLÓRIA ETERNA EM CRISTO JESUS, DEPOIS DE TEREM SOFRIDO DURANTE UM POUCO DE TEMPO, OS RESTAURARÁ, OS CONFIRMARÁ, LHES DARÁ FORÇAS E OS PORÁ SOBRE FIRMES ALICERCES.
1PEDRO 5.10

Toda vez que decolo em um avião num dia cinzento, sombrio e chuvoso, sempre me admiro com nossa capacidade de voar pelas nuvens escuras e cheias de chuva, tão espessas que não podemos ver nada pela janela; então, de repente, nos elevamos acima de tudo e somos capazes de enxergar quilômetros ao redor. Lá em cima, o céu está ensolarado, límpido e azul. Vivo me esquecendo de que não importa quanto o tempo esteja ruim, é possível elevar-se acima da tempestade até um lugar onde tudo está bem.

Nossa vida espiritual e emocional é muito parecida com isso. Quando as nuvens escuras das tribulações, lutas, tristezas e sofrimentos se aproximam, tão espessas que mal podemos ver o que está à frente e pairam sobre nós, é fácil esquecer que há um lugar de calma, luz, clareza e paz para onde podemos nos elevar. Se segurarmos a mão de Deus durante esses tempos difíceis, ele nos elevará acima das condições em que estamos até o lugar de consolo, calor e segurança que tem para nós.

Mais cedo ou mais tarde, todos passamos por tempos difíceis. Mas toda vez que nos elevamos acima da dor e encontramos a bondade, a clareza, a paz e a luz do Senhor, nossa fé aumenta. Deus está conosco não apenas para aperfeiçoar-nos, mas também para aumentar nossa compaixão pelo sofrimento alheio.

Senhor, ajuda-me a lembrar que não importa quão escuras estejam as nuvens sobre minha vida, tu me elevarás acima da tempestade até o consolo de tua presença. Quero tornar-me mais forte nesses tempos e crescer na fé. Quero ter esperança no meio de tudo e não me entregar ao desespero. Quero ficar firme em tua verdade e não ser levada pelas emoções. Obrigada porque enviaste o Espírito Santo para ser meu Consolador e Auxiliador. Faze-me lembrar disso em meio aos tempos difíceis.

SE SEGURARMOS A *mão de Deus* DURANTE OS TEMPOS DIFÍCEIS, ELE NOS ELEVARÁ ACIMA DAS CONDIÇÕES EM QUE ESTAMOS.

DIA 85 # Seja *autêntica*

LEIA 1CRÔNICAS 29.10-20 E REFLITA

Eu sei, meu Deus, que examinas nosso coração e te regozijas quando nele encontras integridade.
1CRÔNICAS 29.17

Quando construímos muros para nos proteger de mágoas e decepções, criamos barreiras para que outros vejam a luz de Deus dentro de nós e seu poder operando em nossa vida. Com sabedoria e prudência, devemos aprender a não nos esconder e a ser autênticos em tudo que fazemos.

Também é fácil criar uma fachada para receber aceitação ou para impressionar outros. Mas não há como relacionar-se de fato com Deus nem com as pessoas enquanto usamos máscaras. Deus conhece nosso coração, portanto é inútil tentarmos fingir algo para lhe causar uma boa impressão Ele já nos ama exatamente do jeito que somos. E, se obtivermos popularidade e admiração por meio de nossas máscaras, saberemos, lá no fundo, que não somos aceitos de verdade. As pessoas gostarão apenas da imagem que projetamos, e não de nossa verdadeira identidade.

Ser íntegro significa depender de Deus para ter uma vida coerente com os valores dele. E ser autêntico significa ser quem dizemos ser em todas as coisas e, principalmente, na fé. Confie que Deus lhe dará um coração puro e honesto, para que as pessoas vejam a graça divina agindo em você.

———

Senhor Deus, quero que te alegres quando olhares para meu coração e encontrares ali a integridade que teu Espírito desenvolveu em mim. Ensina-me a refletir de modo autêntico e honesto a beleza de tua santidade.

Ser íntegro SIGNIFICA DEPENDER DE DEUS PARA TER UMA VIDA COERENTE COM OS VALORES DELE. E *ser autêntico* SIGNIFICA SER QUEM DIZEMOS SER EM TODAS AS COISAS E, PRINCIPALMENTE, NA FÉ.

DIA 86

Entregue seus medos ao Senhor

LEIA SALMOS 27.1-3 E REFLITA

O Senhor é minha luz e minha salvação;
então, por que ter medo?
O Senhor é a fortaleza de minha vida;
então, por que estremecer?

SALMOS 27.1

Estamos sujeitos a experimentar situações que, embora nem de longe ameacem nossa vida, como é o caso de um terremoto, são capazes de mostrar-se extremamente assustadoras e estressantes, como falar em público, lidar com alguém complicado (filho, cônjuge, colega etc.), assumir certas responsabilidades, encarar o desafio diário de uma desordem alimentar ou um vício, sem contar estresse no ambiente de trabalho, pressões na escola, situações sociais desconfortáveis, ou qualquer outra coisa que nos cause ansiedade.

Não importa qual seja a causa, a chave para a vitória é caminhar com Deus. Quando lançamos nossa âncora no Senhor, não somos arrastados pelas tempestades que ameaçam nos fazer naufragar.

Sentir medo não significa que Deus não está com você, que você está fora da vontade divina ou que está se enfraquecendo espiritualmente. *Pode* ser um sinal de que você está no lugar errado, fazendo a coisa errada, ou que algo está fora de ordem em sua vida. Também pode ser uma indicação de ataque do inimigo ou uma advertência de alguma ameaça a sua segurança. Se o medo sobrevém sem nenhuma razão aparente, peça a Deus que mostre o que significa e de onde ele vem. Pode ser um sinal do Senhor para que você ore. Qualquer sinal de medo deve ser um chamado à oração. Quando o sentir, aproxime-se imediatamente de Deus.

Senhor, embora muitas coisas assustadoras ou esmagadoras possam me acontecer, sei que és maior que todas elas. Mesmo que sejam demais para mim, nunca serão demais para ti. Peço que me protejas e as pessoas que amo. Dá-me sabedoria, forças e clareza de mente para ouvir o que dizes no meio de qualquer situação sombria e esmagadora. Que minha vida seja um testemunho do poder de tua glória manifestada quando ando na luz que me deste.

QUALQUER SINAL DE MEDO DEVE SER UM *chamado à oração*. QUANDO O SENTIR, APROXIME-SE *imediatamente* DE DEUS.

DIA 87

Seu futuro está em Deus

LEIA PROVÉRBIOS 28.26 E REFLITA

QUEM CONFIA EM SI MESMO É INSENSATO,
MAS QUEM ANDA SEGUNDO A
SABEDORIA NÃO CORRE PERIGO.
PROVÉRBIOS 28.26

Vamos deixar algo bem claro: você e eu não somos perfeitas. Ninguém é. Ninguém é incapaz de pecar. Ninguém tem uma vida sem problemas. Ninguém andou com o Senhor tempo suficiente para saber tudo e não precisar aprender mais nada. Ninguém é tão completo a ponto de não precisar de Deus. Ninguém sabe o tempo todo o que fazer em cada situação da vida.

 Essa é a verdade a respeito da raça humana, e ponto final. Quando a aceitamos, podemos ser completamente honestos sobre nós mesmos. E mais: também podemos apropriar-nos da liberdade de sermos dependentes de Deus, livres de qualquer ansiedade.

 Foi por desejar depender totalmente de Deus que fiz um dia esta oração: "Pai amado, quero manter um pé na eternidade enquanto seguro tua mão. Quero acumular tesouros no céu para me sentir em casa ao chegar lá. E, quando der o passo final em direção a meu futuro contigo, sei que estarás a meu lado ali também".

Nosso futuro com Cristo está garantido, de modo que podemos trilhar os caminhos traçados por Deus para nós aqui na terra com toda a confiança nele. Sabemos que, se dependesse de nós e de nossas atitudes, estaríamos condenadas em nossos pecados, mas, porque ele nos amou, podemos ter esperança e depender de sua misericórdia e bondade em tudo.

Senhor, ajuda-me a não ficar ansiosa com relação a meu futuro, mas a descansar na certeza de que ele está seguro em tuas mãos. Ajuda-me a depender de ti todos os dias de minha vida. Obrigada porque sempre me ouves e sempre estás ao meu lado.

NOSSO FUTURO COM CRISTO ESTÁ *garantido*, DE MODO QUE PODEMOS TRILHAR OS CAMINHOS TRAÇADOS POR DEUS PARA NÓS AQUI NA TERRA COM TODA A *confiança* NELE.

DIA 88

Escolha *confiar*

LEIA SALMOS 118.6; HEBREUS 13.5-6 E REFLITA

Não o deixarei; jamais o abandonarei.

HEBREUS 13.5

Essa maravilhosa promessa de Hebreus 13.5 aparece no contexto da provisão material. Ainda tratando desse assunto, o versículo seguinte diz: "O Senhor é meu ajudador, portanto não temerei".

Diante da situação de nosso mundo, é muito fácil nos enchermos de temores quanto a nosso sustento. Os empregos são incertos, os preços sobem constantemente e os salários não os acompanham. Não é natural ficar ansiosos? Sim e não. É natural sentir ansiedade momentânea, mas não devemos alimentá-la, nem deixar que crie raízes em nós.

Deus enviou seu Filho ao mundo para nos oferecer salvação. "Se ele não poupou nem mesmo seu próprio Filho, mas o entregou por todos nós, acaso não nos dará todas as outras coisas?" (Rm 8.32). Sentir ansiedade faz parte da vida, mas *andar* continuamente ansiosos é incompatível com nossa confiança em Deus. Aquele que nos ofereceu a dádiva suprema da salvação promete que jamais nos abandonará.

Com o auxílio do Espírito, relembre ocasiões em que você viu claramente a mão de Deus operando para prover e cuidar. Reflita sobre essas provas de fidelidade e escolha confiar.

Senhor, do ponto de vista humano, tenho muitas razões para ficar ansiosa. Mas, quando penso em tudo que fazes por mim e nas bênçãos que derramas continuamente em minha vida, percebo que, na verdade, não tenho motivo algum para me preocupar. Muito obrigado por seres fiel em tuas promessas.

AQUELE QUE NOS OFERECEU A DÁDIVA SUPREMA DA *Salvação* PROMETE QUE JAMAIS NOS *abandonará.*

DIA 89

Grandes coisas estão por vir

LEIA 2PEDRO 1.3-11 E REFLITA

Por isso, irmãos, trabalhem ainda mais arduamente para mostrar que, de fato, estão entre os que foram chamados e escolhidos. Façam essas coisas e jamais tropeçarão.
2PEDRO 1.10

Todos precisamos ter consciência do porquê de nossa existência. Precisamos saber que fomos criados com um propósito. Só encontraremos satisfação e felicidade quando fizermos aquilo para o que fomos criados. Deus não nos conduzirá, porém, às grandes coisas que nos chamou a realizar enquanto não nos mostrarmos fiéis nas pequenas coisas. Se você está fazendo algo que considera pequeno, regozije-se! Deus o está preparando para as grandes coisas que virão.

    Nunca se esqueça de que Deus tem um propósito importante para sua vida e de que os planos dele para você são excelentes. Não se deixe abater pelo aparente silêncio de Deus, ou pelo tempo de espera que, para você, pode parecer longo demais. Descanse, na certeza de que o tempo do Senhor é perfeito.

Todos os dias, quando se recolher para orar, entregue ao Pai sua identidade e seu destino. Deixe que ele veja em seu coração o desejo de que a obra dele em sua vida seja eterna. Peça-lhe que confirme, ou não, se você está seguindo os planos que ele traçou previamente.

As pessoas com quem você convive hoje precisam ser tocadas pelo Espírito Santo de Deus. Você já parou para pensar que grande obra o Senhor pode realizar na vida delas começando pelo seu testemunho de fé?

———

Senhor, ajuda-me a entender teu chamado para minha vida. Remove todo desânimo de meu coração e substitui-o pela alegre expectativa daquilo que realizarás por meu intermédio. Usa-me como teu instrumento para fazer diferença na vida das pessoas que puseres em meu caminho.

NÃO SE DEIXE ABATER PELO APARENTE *Silêncio de Deus* OU PELO TEMPO DE ESPERA QUE, PARA VOCÊ, PODE PARECER LONGO DEMAIS. DESCANSE, NA CERTEZA DE QUE O TEMPO DO SENHOR É *perfeito*.

DIA 90 — O fim *do mal*

LEIA APOCALIPSE 20.7-10 E REFLITA

> O DIABO [...] FOI LANÇADO NO LAGO DE FOGO QUE ARDE COM ENXOFRE, ONDE JÁ ESTAVAM A BESTA E O FALSO PROFETA. ALI SERÃO ATORMENTADOS DIA E NOITE, PARA TODO O SEMPRE.
> APOCALIPSE 20.10

Embora Deus seja o criador de todas as coisas, ele não criou o mal. Criou, sim, belos seres angelicais. Lúcifer, um desses seres, se rebelou contra o Senhor e convenceu outros anjos a acompanhá-lo. Ele e seus seguidores caíram na terra e tornaram-se Satanás e seus demônios (Is 14.12-14).

Satanás estava tão cheio de si que o orgulho o motivou a fazer uma escolha terrível. Perdeu sua posição no reino de Deus, pois adorou a si mesmo em vez de adorar ao Senhor. Por escolha, Satanás passou a ser inimigo de Deus e a raiz de toda a maldade que existe.

Deus não é a origem do mal no mundo nem em sua vida. O mal existe por causa da escolha de indivíduos, sociedades e nações de se rebelarem contra Deus e rejeitarem seu amor. Para combatê-lo, recorremos ao poder de Deus. Quando andamos com o Senhor e o servimos com dedicação,